République Française
Liberté - Égalité - Fraternité

VILLE DE PARIS

RÉCOMPENSE SCOLAIRE

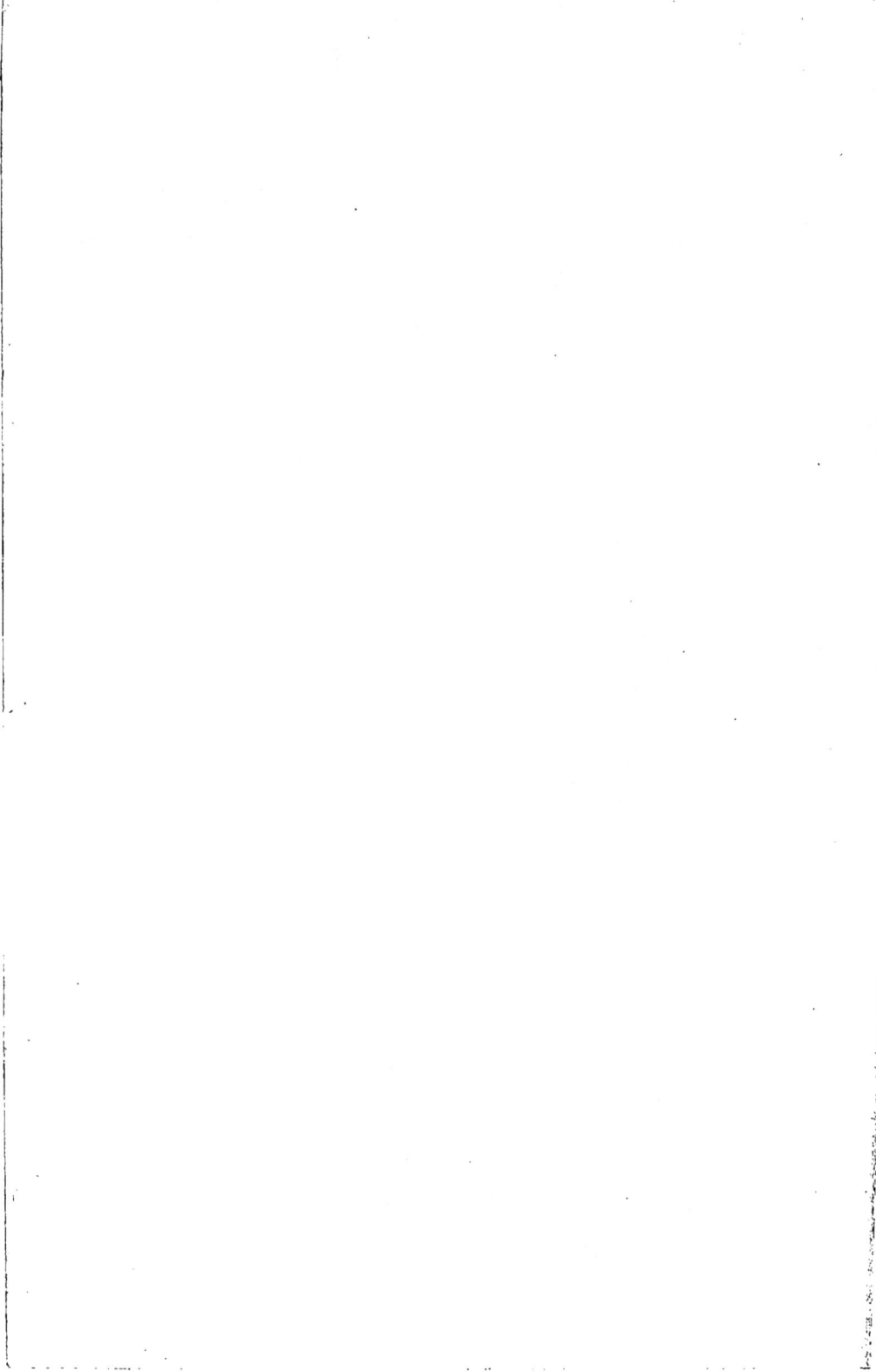

ÉTIENNE MARCEL

VERSAILLES

IMPRIMERIE CERF ET FILS

59, RUE DUPLESSIS

Le Conseil des Échevins et des Maîtres des Métiers.

BIBLIOTHÈQUE LAÏQUE DE LA JEUNESSE

ÉTIENNE MARCEL

PAR

ÉMILE GAUTIER

ORNÉ DE GRAVURES SUR BOIS DESSINÉES PAR DENIS

GRAVÉES PAR TELLIER

PARIS

LIBRAIRIE D'ÉDUCATION LAÏQUE

1 *bis*, RUE HAUTEFEUILLE

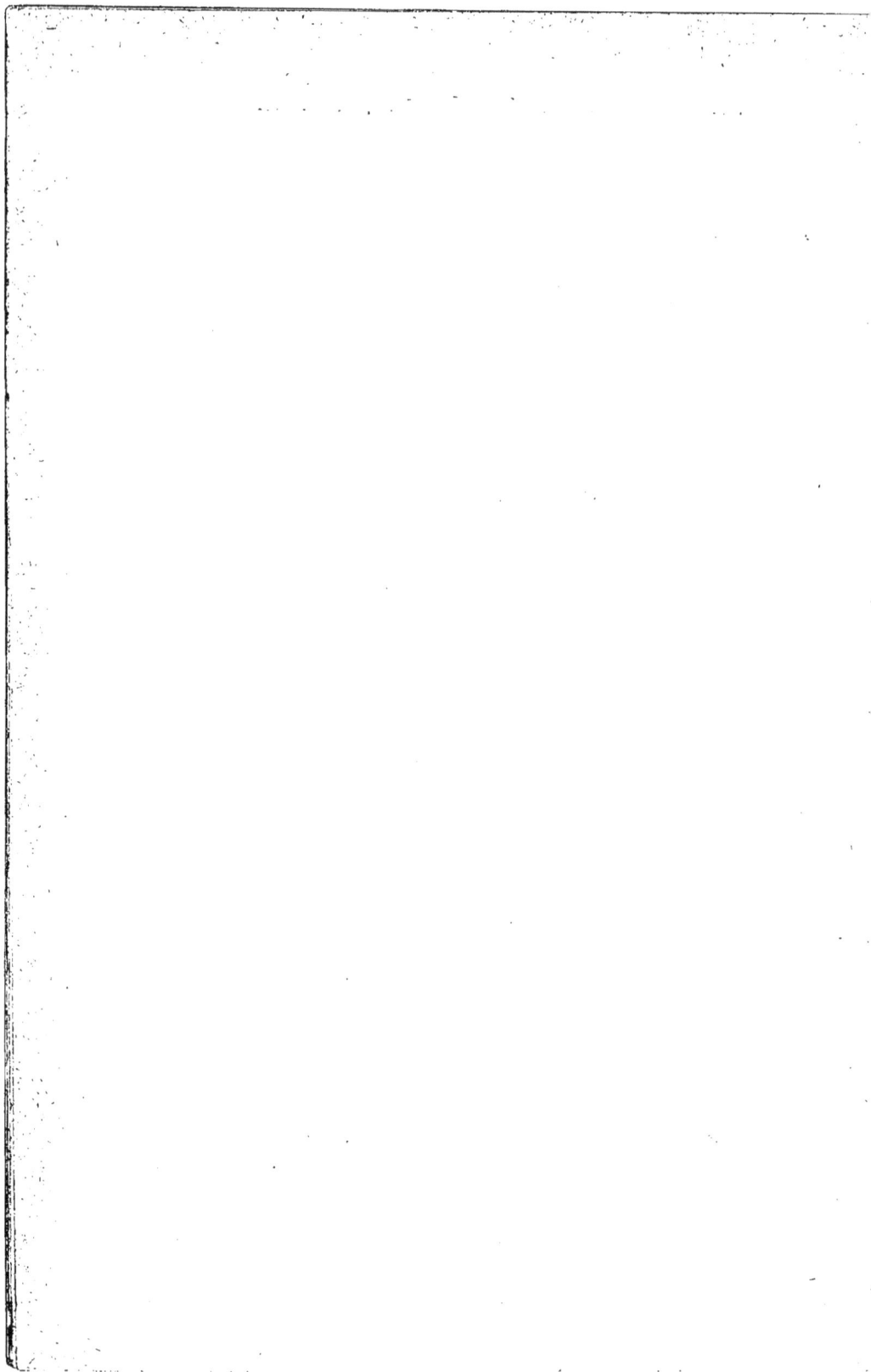

CHAPITRE PREMIER

Situation politique de la France au XIVe siècle.

Avant de raconter l'histoire d'Etienne Marcel et de la grande révolution communale de 1356, il n'est pas inutile sans doute de nous rendre un compte exact du milieu dans lequel vont évoluer les personnages du récit.

Ce serait une faute grave, en effet, pour un historien, de présenter à ses lecteurs des physionomies de convention, comme de prêter aux acteurs du drame politique ou social dont il a pour mission d'évoquer le souvenir, des passions, des intérêts, des actes ou des paroles de son propre temps. Il faut, au contraire, qu'il montre les hommes et les choses du passé, non pas grandis, rapetissés ou défigurés par l'éloignement, mais tels qu'ils furent en réalité, avec leur véritable caractère et leur véritable esprit. Il faut qu'il fasse entrer vivants, pour ainsi dire, sur la scène les héros des anciens jours, afin que le lecteur sache tout de suite à qui il a affaire et puisse prévoir seul ce qui va fatalement se passer.

Transportons-nous donc par la pensée à cette époque déjà lointaine, et jugeons-en les événements comme le feraient des spectateurs contemporains. C'est le meilleur moyen de nous en faire une idée juste. Bien qu'il soit vrai de dire que l'histoire se répète, bien que les passions qui agitèrent les bourgeois révolutionnaires du xive siècle n'aient jamais cessé de faire battre en France nombre de cœurs loyaux, nous ne pouvons nous dissimuler que, si l'histoire se répète, elle se répète sous des formes variables et sous des costumes nouveaux. Il serait ridicule de représenter Etienne Marcel et ses compagnons avec des chapeaux-gibus, des cols cassés ou des pantalons à pieds d'éléphant, comme de leur faire parler la langue de Victor Hugo ou celle de Littré ; il serait également ridicule de leur prêter des idées qui ne sont nées qu'après qu'ils étaient déjà couchés dans le tombeau, ou des sentiments semblables aux nôtres. Sans doute, nos idées les plus libérales, voire même peut-être celles des idées modernes qu'il plaît aux esprits rétrogrades de qualifier un peu témérairement de *subversives,* étaient déjà contenues en germe dans les revendications un peu confuses pour lesquelles nos ancêtres ont combattu et sont morts, mais, nées sous la pression de circonstances différentes, pour répondre à d'autres besoins et à des intérêts nouveaux, elles ne peuvent pas nécessairement se manifester de la même manière. Au fond, ce sont toujours les mêmes mobiles, les mêmes sentiments, les mêmes révoltes contre l'oppression, les mêmes souhaits de mieux-être, les mêmes aspirations vers un idéal qui recule sans cesse, mais les aspects ont varié, comme les objectifs, comme les procédés de réalisation.

D'où la nécessité, avant de raconter, avant surtout de juger une époque historique, de peindre exactement le cadre où elle s'est déroulée. N'oublions pas que c'est le milieu qui fait que les hommes et que les événements sont ce qu'ils sont et ne sont pas autrement. C'est, par conséquent, le milieu qu'il faut comprendre tout d'abord ; ce sont les accessoires qui expliquent le principal.

Commençons donc par exposer ce qu'était la société française au milieu du quatorzième siècle, quels étaient aussi les différents éléments sociaux en présence. Le sens des événements qui ont bouleversé la France septentrionale dans la

période orageuse qui va de 1354 à 1359, les desseins, avoués
ou secrets, des vaillants hommes qui les ont provoqués et
qui y ont pris une part active au point d'y laisser leur fortune, leur liberté, leur vie, et certains même aux yeux d'une
postérité abusée, leur honneur et leur réputation, la valeur
réelle enfin des réformes dont ils ont ébauché quelques-unes,
inoculé les autres à la foule qui les désire et les attend
encore, dont, en tous cas, des restes appréciables leur ont
survécu, n'en apparaîtront qu'avec une plus lumineuse
clarté.

En réalité, si on l'envisage en elle-même, et abstraction
faite des périodes qui l'ont préparée et de celles qui en sont
résultées, cette époque, marquant une transition entre deux
mondes, entre le monde du Moyen-Age et le monde de la
Renaissance, n'a pas de caractère nettement déterminé. C'est
un siècle de tâtonnement, de sourde fermentation, où tout
s'agite, se heurte, s'entrechoque, où les vieilles institutions
se dissolvent et se désagrègent, sans que les institutions de
l'avenir soient encore nettement entrées dans la conscience
populaire, où éclatent parfois pourtant, comme des coups de
tonnerre, des convulsions sociales, violentes, mais courtes
et infécondes, signes précurseurs des grandes révolutions
prochaines. La société féodale entre en agonie; elle trem-
ble déjà sur ses fondements vermoulus, battus vigoureu-
ement en brèche par l'esprit démocratique d'égalité sociale, d'indiscipline et de liberté, que va bientôt dénaturer
et corrompre le grand courant de réformation religieuse du
xvi° siècle. Mais la société nouvelle n'est pas prête à se
substituer à l'ancienne. Aussi tous les efforts faits dans un
but d'émancipation par quelques rares et courageuses indi-
vidualités, restent-ils fatalement frappés d'impuissance et de
stérilité.

Malgré leur hostilité profonde et traditionnelle, les mêmes
quatre puissances qui, pendant tout ce qu'on appelle le
Moyen-Age, s'étaient disputé la suprématie et avaient lutté

pour l'existence, avec tant de chances diverses, en sont
encore à chercher l'organisation moyenne qui leur permette
de vivre côte à côte, sans qu'aucune d'elles ait rien à sacri-
fier de son autonomie. Ces quatre puissances sont la royauté,
la noblesse féodale, le clergé et la bourgeoisie.

Durant des siècles, la noblesse tient incontestablement le
premier rang. Il devait fatalement en être ainsi dans une
société encore barbare, où les avantages sociaux sont le prix
de la victoire, où le droit de la force règne en souverain, et
où, par conséquent, le métier des armes, auquel l'aristocratie se consacrait exclusivement, prime toutes les autres
fonctions et assure à ceux qui l'exercent la moins discutable
des supériorités.

Il est même bon de noter en passant que le roi de France,
contrairement à ce qu'on enseigne généralement, n'était
qu'un seigneur féodal comme les autres, peut-être un peu plus
puissant que la plupart de ses voisins, grâce à la situation
centrale de ses domaines, mais pour lequel tel ou tel de ses
vassaux pouvait souvent devenir un rival dangereux [1]. Rien
n'est plus faux que cette formule emphatique, qui se retrouve
à chaque instant sous la plume des historiens royalistes :
« La monarchie française compte quatorze siècles d'existence ! » La vérité est que le royaume de France n'est devenu le centre prépondérant d'un système politique embras-
sant toutes les fractions de l'ancienne Gaule dans l'unité
d'un vasselage commun, que grâce à de longs et patients
efforts, accumulant graduellement leurs résultats centralisateurs depuis le treizième siècle jusqu'au dix-septième, époque
à laquelle ils furent définitivement couronnés de succès. On
le voit, au quatorzième siècle, en dépit du respect universel
dont était entourée la monarchie, respect qui s'adressait plutôt, d'ailleurs, au principe d'autorité qu'à cette autorité parti-

---

[1] Dès le onzième siècle, l'abbé d'un monastère français, voyageur dans
le comté de Toulouse, disait en plaisantant : « Maintenant, je suis aussi
» puissant que Monseigneur le roi de France, car personne ne fait plus de
» cas de ses ordres que des miens. » (AUGUSTIN THIERRY.)

culière, l'œuvre était loin d'être accomplie. La concurrence
avait été sans doute assez favorable au roi de France, pour que
sa suzeraineté fût généralement acceptée par les autres seigneurs, mais le domaine royal, c'est-à-dire la partie du territoire où son pouvoir s'exerçait directement, ne comprenait
guère que l'Ile-de-France, l'Orléanais, le Berry, le Poitou, l'Anjou, le Maine, la Touraine, la Normandie, la Picardie (moins
le comté de Ponthieu), la Champagne et la Brie, l'Auvergne,
le Rouergue, le Languedoc, Toulouse, le Dauphiné, le Forez
et Lyon. Le reste appartenait (le mot est exact, puisque, dans
la bizarre juridiction féodale, la souveraineté se confondait
avec la propriété, de telle sorte que la condition sociale d'un
homme était réglée par la condition des terres qu'il possédait) à d'autres princes, dont quelques-uns, comme le duc
de Bretagne, le duc de Bourgogne et le comte de Flandre,
pouvaient être en mesure, à l'occasion, de contrebalancer l'autorité royale. A leur égard, cette autorité se limitait
au droit d'exiger d'eux certains services, en cas de guerre,
souvent même seulement certains hommages, certaines
politesses platoniques. C'était, sauf la proportion des
forces, quelque chose d'analogue au « protectorat » exercé
aujourd'hui par certaines nations européennes sur de
petits États à demi-barbares de l'Asie, de l'Afrique et de
l'Océanie.

Le clergé était aussi une puissance, peut-être la plus forte
et la plus vivace de toutes, parce qu'elle était la plus souple
et la plus insaisissable. Investis, en outre, des prérogatives
spéciales à leur classe, de la plus grande partie des droits et
des privilèges que conférait la propriété terrienne, les ecclésiastiques, qui régnaient, à peu près sans partage, sur les
consciences, profondément imbues de préjugés religieux,
exerçaient sur les événements une influence prépondérante.
Maîtres passés dans l'art de calculer les chances d'une entreprise, garantis, d'ailleurs, contre tous risques par leur situation exceptionnelle, ils s'alliaient tantôt avec la royauté, tantôt

avec la noblesse, tantôt avec la bourgeoisie, suivant les hasards des circonstances et les vicissitudes de leurs intérêts, apportant le plus souvent la victoire à la cause qu'ils embrassaient provisoirement. Ajoutons, au surplus, qu'il est assez difficile de déterminer le rôle du clergé à cette époque et de classer d'une façon définitive, parmi les éléments sociaux en conflit permanent, la force qu'il représentait : on retrouve, en effet, sous tous les drapeaux des prêtres et des moines et nous verrons bientôt que l'un des principaux champions de la cause populaire, après Etienne Marcel son plus fidèle auxiliaire et son ami le plus dévoué, fut précisément un prélat, Robert Lecoq, évêque de Laon. Cependant, il est permis de dire que, sauf d'honorables exceptions, bien moins rares qu'aujourd'hui, parce que les doctrines et les prétentions cléricales, conformes aux traditions et aux mœurs du temps, se manifestaient sans presque rencontrer d'opposition nulle part, le clergé s'est toujours efforcé de se mettre du côté du manche et de profiter aussi des discordes civiles pour augmenter ses richesses et sa puissance.

Quant au prolétariat des campagnes, il ne comptait guère, si ce n'est pour payer l'impôt et la dîme, et fournir encore, par-dessus le marché, aux besoins extraordinaires de ses maîtres et seigneurs. Ecrasés de redevances, en proie à mille vexations, attachés à la terre qu'ils cultivaient pour le compte du monastère ou du manoir, n'étant même pas libres de leurs corps, les infortunés paysans, serfs de la glèbe, n'avaient rien qui pût les garantir contre un arbitraire impitoyable. C'était sur eux que tombaient tous les coups, toutes les avanies, toutes les fantaisies spoliatrices et féroces d'une autorité sans contrepoids, sans contrôle et sans merci. Ils étaient hors la société, hors l'humanité, pour ainsi dire. Tout était permis contre eux, tout était possible. Aussi toutes les puissances d'alors s'en donnaient-elles à cœur joie. De quel poids aurait donc pu peser dans la balance la volonté de ces misérables, sans cesse incertains du lendemain, souvent

traqués comme des bêtes fauves, et obligés d'abandonner
leurs masures et leurs champs pour se réfugier dans des
cavernes souterraines, où la famine et la peste, fléaux aussi
fréquents alors, à cause de l'excès de la misère, qu'ils sont
rares aujourd'hui, les avaient bientôt atteints et décimés?
Avant de songer à disputer le pouvoir à d'autres, avant
même de songer à être libres, il faut songer à vivre, et leur
vie était perpétuellement menacée !

« Ce n'est pas de vivre plus heureux qu'ils étaient occupés,
» mais de vivre, eux et leurs familles, et il y fallait une
» attention de tous les instants. Durant une grande partie de
» l'année, ils devaient fuir et se cacher aux approches de
» l'ennemi, semer à la dérobée, faire la récolte avant qu'elle
» fût mûre, pour qu'elle ne devînt pas la proie des marau-
» deurs. Et quand même les soins de la vie du corps n'eussent
» pas entièrement absorbé l'esprit peu développé des paysans,
» leurs mœurs étaient trop sauvages, trop vagabondes...
» Ce qu'il y avait de plus terrible dans une si affreuse mi-
» sère, ce n'était pas cette misère même, c'est qu'elle était
» pour les serfs la première condition du repos. Ils ne se
» croyaient à l'abri des vexations de leurs maîtres, dont les
» hautes tours semblaient les menacer sans cesse, que lors-
» que leur ayant tout donné, ils pouvaient espérer qu'on
» n'exigerait pas davantage. » (PERRENS, *Etienne Marcel*,
p. 8.)

Le menu peuple des villes, astreint aux conditions oppres-
sives des règlements industriels qui le condamnaient à une
sorte de domesticité humiliante, n'était guère mieux traité
ni mieux garanti que les paysans.

Mais, à côté de cette poussière humaine, grosse parfois
d'orages, comme nous le verrons au cours de ce récit, à côté
des ordres privilégiés, et en rivalité avec eux, grandissait
lentement une puissance nouvelle, qui allait bientôt traiter
d'égal à égal avec l'aristocratie de naissance et même avec
la royauté. Cette puissance, jeune et pleine de vitalité, c'était

la bourgeoisie, le Tiers-Etat. Elle était constituée par l'alliance, formelle ou tacite, de tous ceux des *vilains* (on appelait ainsi tous ceux que les hasards de la naissance n'avaient pas jetés dans un berceau nobiliaire et n'avaient pas dotés d'un apanage) qui avaient su secouer le joug féodal, et affranchir, au moins en partie, leur personne et leur travail. C'étaient encore des privilégiés, sans doute, mais des privilégiés qui avaient ce mérite d'avoir conquis leurs privilèges de haute lutte, empiétant ainsi sur la suprématie usurpée des seigneurs, et il faut reconnaître qu'il n'existait pas encore, à cette époque, où l'on avait encore à lutter nécessairement contre des ennemis communs redoutables, l'antagonisme d'intérêts et de visées qui s'est accusé depuis entre la bourgeoisie et le prolétariat.

Comme c'est à la longue série de mouvements populaires connue dans nos annales nationales sous le nom générique de Révolution Communale, que la bourgeoisie devait sa quasi-émancipation et avait emprunté le meilleur de son prestige . et de sa force, il ne sera pas inutile de dire ici quelques mots explicatifs de ce curieux événement.

Parmi les mots de la langue politique du Moyen-Age qui se sont conservés jusqu'à nous, il n'en n'est peut-être pas un seul qui ait, autant que le mot *Commune*, perdu sa signification primitive. Réduit aujourd'hui à exprimer une simple circonscription urbaine ou rurale, administrée par des autorités dépendantes du pouvoir central représenté par M. le préfet, ce mot n'a plus guère de sens politique, encore moins de sens social [1]. Aussi ne produit-il plus sur les esprits aucune impression.

Autrefois, au contraire, il correspondait à de grandes idées, aux plus grandes idées qui puissent agiter et soulever la conscience d'un peuple. La Commune, engendrée le plus souvent par une insurrection populaire, à la suite d'un mou-

---

[1] AUGUSTIN THIERRY.

vement énergique, était alors, non pas seulement une simple
division géographique ou administrative, c'était une association jurée de révoltés, soucieux de la liberté et de la justice, contre le pouvoir établi et contre l'exploitation des seigneurs. Quand les gens étaient las de subir le joug écrasant du despotisme féodal, quand ils étaient à bout de
patience et de misère, ils se réunissaient, mettaient en
commun leurs doléances, leurs vœux d'affranchissement et
aussi leurs colères et leurs désirs de vengeance, et constituaient ainsi une ligue de défense mutuelle et de garanties
réciproques contre la tyrannie. C'était une véritable communion démocratique : d'où les appellations de *commune* et de
communiers, qui n'impliquaient en aucune façon une idée
locale ni ce que nous nommons aujourd'hui l'esprit de clocher,
mais la fédération d'intérêts communs et une organisation
politique et sociale particulière.

Le mot *Commune* n'a, depuis, guère retrouvé à peu près
cette signification traditionnelle qu'à des époques tragiques
de notre histoire : en 1793 et en 1871. Aussi, faut-il se garder
contre l'illusion souvent produite par les mêmes mots appli-
qués à des relations sociales toutes différentes.

C'était, au Moyen-Age, un fait essentiellement moral, un *Contrat social*, qu'on désignait ainsi ; c'était le contrat par lequel
un certain nombre d'hommes, habitants ou non de la même
localité, s'engageaient les uns envers les autres, sous la foi
du serment, à se prêter un mutuel appui pour la sauvegarde
de leurs droits. « Nous jurons, disent les vieilles chartes, de
» nous soutenir les uns les autres, chacun selon ses moyens,
» et de ne point permettre que qui que ce soit fasse du tort à
» l'un de nous, ou le traite désormais en serf. » C'était ce
serment, ou cette *conjuration*, pour parler le langage des
anciennes chroniques, qui donnait naissance à la Commune.
Tous ceux qui avaient adhéré au contrat prenaient dès lors
le nom de *communiers* ou de *jurés*, et pour eux ces titres
nouveaux comprenaient les idées de devoir, de fidélité et de

dévouement réciproques, exprimés dans l'antiquité par le mot *citoyen*.

Pour garantie de leur association, les citoyens d'une commune constituaient, d'abord tumultuairement, et ensuite d'une manière régulière, une magistrature élective, celle des *échevins*, des *prudhommes* ou des *jurés,* qui avait pour mission, sous sa propre responsabilité, d'administrer les affaires générales. Perpétuellement révocables et soumis au contrôle permanent de leurs concitoyens, ces magistrats jouissaient cependant d'attributions autrement étendues que celles des fonctionnaires municipaux actuels. Il faut bien se dire, en effet, que les communes de ce temps-là, qui disposaient souverainement, par exemple, du droit de faire la guerre et de conclure la paix, sans être obligées de consulter aucune autorité supérieure, étaient de véritables petites républiques autonomes, se gouvernant elles-mêmes, en conformité de leurs besoins et de leurs mœurs, et ressemblaient bien plutôt aux républiques de l'antiquité qu'aux municipalités françaises et même qu'aux cantons suisses d'aujourd'hui. Elles s'étaient cependant fondées en dehors de toute espèce de réminiscences grecques ou romaines.

C'était plutôt d'une vieille tradition gauloise, essentiellement nationale, qu'elles tiraient leur origine lointaine. Ne nous imaginons pas, en effet, que la Révolution, c'est-à-dire la tendance active vers une organisation sociale basée sur la liberté des individus et l'égalité des conditions, date, chez nous, d'hier, ni qu'elle soit sortie de dessous terre en 1789. L'esprit d'indépendance, de révolte et de justice est vieux comme la servitude elle-même : c'est l'éternelle lutte du Pouvoir et du Droit. En France, personne n'est l'affranchi de personne ; il n'y a point de revendication de fraîche date, et la génération présente doit tous ses droits au courage des générations qui l'ont précédée sur la brèche. Jamais la justice et la liberté n'ont manqué de défenseurs, et nous devons même un légitime tribut de reconnaissance à nos ancêtres qui ont eu à

surmonter, pour nous faire ce que nous sommes, plus d'obstacles que, sans doute, nous n'en rencontrerons jamais [1].

Comment s'est effectué l'affranchissement des communes?
— Il est de *conviction* publique que c'est au roi Louis-le-Gros
que doit être attribué l'honneur de cet incontestable progrès,
qui, s'il eût réussi complètement et se fût généralisé, eût,
depuis plusieurs siècles, définitivement démocratisé la France,
en lui épargnant bien des crises sanglantes. Rien n'est plus
faux, et cette proposition ne se peut soutenir en présence des
faits, tels qu'ils ressortent des témoignages contemporains.
La vérité est que le roi, comme étaient aussi souvent obligés
de le faire les autres seigneurs, se bornait à consacrer des
conquêtes établies. Dans la plupart des cas, il légitimait sim-
plement la rébellion de certaines cités, en apposant sa signa-
ture et son sceau sur la charte qui en avait consacré le
triomphe.

Mais l'histoire est là pour attester que, dans le grand mouvement d'où sortirent les communes ou républiques du Moyen-
Age, pensée et exécution, tout fut l'œuvre des marchands et

---

[1] A quelle époque peut-on placer exactement le commencement du mouvement communal? Il est difficile de le dire, et on ne sait guère mieux
quelle est la commune qui a donné le signal. Les uns prétendent que c'est
la commune de Noyon, d'autres que c'est la commune de Cambrai, qui
s'établit par insurrection dès l'an 1076. Mais, à Cambrai même, la révolte
couvait depuis plus d'un siècle, et déjà en 957, les Cambrésiens avaient
mis une première fois leur évêque à la porte. Partout, au surplus, depuis
l'invasion des Barbares et la conquête franque, l'insurrection grondait
sourdement, attisée par la haine de races, devenue une haine de classes,
que les vaincus avaient vouée aux conquérants.

Ainsi, en 997 et en 1024, on signale déjà deux formidables soulèvements,
bientôt écrasés, parmi les paysans de Bretagne et de Normandie. « Les
» seigneurs, disaient ces précurseurs révolutionnaires, dans leur pittoresque
» formule de conjuration, ne nous font que du mal ; avec eux nous n'avons
» ni profit ni gain de nos labeurs. Chaque jour, on nous prend nos bêtes
» pour les corvées et les services; puis, ce sont les justices vieilles et nou-
» velles, des plaids et des procès sans fin... Il y a tant de prévôts ou de
» baillis que nous n'avons pas une heure de paix. Tous les jours, ils nous
» courent sus, prennent nos meubles et nous chassent de nos terres...
» Pourquoi nous laisser ainsi traiter et ne pas nous tirer de peine ? C'est
» du cœur seulement qu'il nous faut ! *Lions-nous donc ensemble par un ser-*
» *ment, jurons de nous soutenir l'un l'autre.* Sachons résister aux chevaliers
» et nous serons libres de couper des arbres, de courir le gibier, *et nous ferons*
» *notre volonté sur l'eau, dans les champs et dans les bois.* »

2

des artisans, qui formaient la population des villes, et que
les lettres royales ou seigneuriales ne firent guère que sanc-
tionner des faits accomplis, et sur lesquels il n'était plus possible de revenir [1].

Alors, comme toujours, car il est contradictoire que les
privilégiés se dessaisissent volontairement de leurs privilèges, ce fut la force qui fut la souveraine justicière, l'instrument émancipateur [2]. Presque partout les communes furent
le fruit de la guerre civile, de l'insurrection populaire, et il
est même bon de remarquer que les communes les plus libres
furent généralement celles dont l'établissement avait coûté
le plus de peine et de sacrifices, celles où la lutte avait été
la plus longue et la plus rude, et la liberté fut précaire dans
les lieux où elle n'était qu'un don gratuit octroyé sans effort,
et conservé paisiblement. C'est une loi fatale !

Quelquefois, sans doute, les puissances du temps se prê-
taient, avec une bonne grâce apparente à l'établissement
d'une nouvelle commune; c'est qu'alors elles ne pouvaient
faire autrement, qu'elles ne se sentaient pas en mesure de
livrer bataille, ou qu'elles y avaient entrevu quelque profit
matériel. Ainsi, les rois de France se sont interposés souvent
dans les conflits engagés entre certaines cités et leurs seigneurs immédiats, rétablissant le combat quand tout était près
de se décider et déplaçant les chances de la victoire. Tantôt,
ils se déclaraient pour les communiers contre les seigneurs,
tantôt pour les seigneurs contre les communiers, au hasard des circonstances et de leurs intérêts. Il faut ajouter, au
surplus, que ce qui, dans la plupart des cas, déterminait leur
choix, c'était l'argent promis ou donné de part et d'autre.
Ils mettaient, en d'autres termes, leur intervention aux en-
chères.

---

[1] AUGUSTIN THIERRY, *Lettres sur l'histoire de France.*

[2] « Le peuple français ne dut le degré quelconque de liberté dont il jouit
» dans le Moyen-Age qu'à sa propre valeur; il l'acquit comme la liberté doit
» toujours être conquise, à la pointe de son épée. » (SISMONDI.)

C'est de la même façon que se peuvent expliquer les franchises municipales, relativement considérables, dont n'a jamais cessé de jouir la ville de Paris, qui, cependant ne s'était pas constituée en commune. Si les rois, en effet, ne faisaient pas trop de difficultés pour accorder des chartes à des villes situées en dehors de leur domaine, ce qui diminuait d'autant la puissance des autres seigneurs, leurs rivaux. ils s'attachaient, au contraire, avec le plus grand soin, à détruire toute espèce de ferment de rébellion dans les villes de la couronne, ce que leur facilitait singulièrement leur force supérieure.

Or, Paris était dans ce cas. Aussi n'eut-il jamais de commune. En revanche, les rois ne font pas faute de lui abandonner, moyennant finance, bien entendu, libertés sur libertés, privilèges sur privilèges. La monarchie s'habitue à compter sur la plus riche de ses « bonnes villes », et à lui demander des subsides pour défrayer ses officiers et assurer la marche des services publics. Quand Louis X, en 1315, rassemble ses forces pour marcher contre la Flandre, les bourgeois de Paris s'engagent à lui fournir 400 cavaliers et 2,000 fantassins, soldés par la caisse municipale, au moyen d'une taxe spéciale. En retour, il comble de faveurs la municipalité parisienne. Tandis que les communes voisines sont en pleine décadence, Paris développe ses libertés municipales, sous le patronage bienveillant du roi. En 1315, encore, c'est le même Louis X, qui, moyennant l'abandon au fisc d'un droit annuel de soixante mille livres parisis, déclare par ordonnance que le commerce de la basse Seine sera libre jusqu'à la mer, ce qui était favoriser Paris au détriment de Rouen. En 1324, c'est Charles le Bel qui, par lettres-patentes, permet de porter les procès des Parisiens entre eux devant le Parlement, ou, dans l'intervalle des sessions, devant les présidents commis par le roi pour les cause qui regardaient les privilèges du corps de ville et le bien public (Robiquet, *Histoire de Paris municipal*).

Aussi la Révolution de 1356 trouva Paris préparé. Quoiqu'il n'eut pas de commune, il avait, comme nous venons de le voir, des franchises municipales solidement établies et vieilles comme la cité; il avait de puissantes institutions, profondément imprégnées de l'esprit d'indépendance, et des mandataires élus qui savaient contrebalancer, à l'occasion, l'autorité royale elle-même.

Mais, ce qui faisait de Paris une ville foncièrement révolutionnaire, un foyer ardent de libéralisme et de démocratie, c'étaient l'Université et les Corps de métiers.

« Dès le onzième siècle, dit Frédéric Morin, à qui nous
» cédons volontiers la parole, la vie intellectuelle du peuple
» s'était *républicanisée* comme sa vie administrative. Au lieu
» de se grouper dans de petits centres humbles et dociles
» sous la férule des évêques et des abbés, les étudiants,
» ennemis désormais de la servitude, se réunirent en
» immenses *associations intellectuelles* ou *universités*, dans
» lesquelles le principe électif était sans cesse invoqué [1]. Les
» trois principales universités d'Europe furent celles de Paris,
» d'Oxford et de Cologne; mais la première surtout avait
» une puissance morale incontestée. Occupant près d'un tiers
» de la grande cité, composée non-seulement des docteurs,
» licenciés, bacheliers des quatre Facultés (théologie, arts,
» droit et médecine), et des quatre nations (France, Picardie,
» Normandie, Angleterre [2]), mais d'artisans et de marchands
» de certaines professions, comme les libraires, les copistes,
» les enlumineurs, les parcheminiers, formant un effectif d'à
» peu près trente à quarante mille personnes, avec leur juri-
» diction à elles, leurs grandes réunions tumultueuses et
» leurs débats publics sans cesse renouvelés dans une éter-
» nelle tempête d'écoles rivales; s'échauffant d'ailleurs au

---

[1] Le maître était élu entre les *pauvres* « escholiers » et par eux... Il était appelé le *ministre des pauvres*. (MICHELET.)

[2] Sous Charles VI, lorsque l'expulsion des Anglais fut devenue une pensée nationale, la nation d'Angleterre fut remplacée par la nation d'Allemagne.

» contact du Paris marchand et ouvrier qui lui donnait la
» main par dessus les rives de la Seine, elle constituait une
» sorte d'immense commune intellectuelle, ou, si l'on veut,
» un concile gigantesque et permanent, une représentation
» toute-puissante de la pensée européenne. Elle abordait
» donc, avec des vaillances d'examen aussi extraordinaires
» que candides, tous les problèmes, y compris les problèmes
» de politique, et elle les résolvait dans le sens le plus radi-
» cal. Les docteurs autorisés, un Thomas, un Egidius, un
» Scott, s'appuyant à la fois sur la législation de Moïse et sur
» la politique d'Aristote, bizarrement combinées, posaient en
» principe la souveraineté du peuple, en conséquence la con-
» damnation plus ou moins explicite du régime féodal et le
» droit de l'insurrection contre toute tyrannie. Sans doute,
» ces opinions étaient mêlées à toute espèce de subterfuges
» d'application et surtout à des doctrines plus ou moins théo-
» cratiques d'un côté, plus ou moins monarchiques de l'autre.
» Mais, sans aboutir peut être à des formules assez lumi-
» neuses, elles n'en secouaient pas moins les âmes d'une
» secousse féconde. Quand on avait professé comme docteur
» que le peuple contient en soi toute-puissance législative, il
» est manifeste qu'on devait porter au sein des assemblées
» des prétentions et des paroles quelque peu révolution-
» naires. » (*Les Origines de la Démocratie*).

A côté de l'Université parisienne, moins turbulents sans
doute, mais tout aussi puissants, sinon davantage, s'élevaient
les corps de métiers, sortes de confréries industrielles réunis-
sant en une ligue compacte d'assurances et de protection
mutuelles tous les membres d'une même profession ou de
professions similaires. Ces corporations étaient fort nombreu-
ses, puisque, sous Louis IX, à en croire le « Livre des métiers », c'est-à-dire le recueil des règlements rédigés à l'instigation d'Etienne Boileau. prévôt des marchands, par les
intéressés eux-mêmes, en forme de « cahiers corporatifs »,
on n'en comptait déjà pas moins de cent.

La plus nombreuse et la plus puissante était la corporation dite des « marchands de l'eau », qui remontait à la plus haute antiquité. Déjà, en effet, sous le règne de Tibère, on trouve les bateliers Parisiens — *nautæ parisiaci* — organisés en une association constituée, disposant de ressources considérables et entretenant des relations suivies avec les autorités romaines. Plus tard, l'empereur Julien, qui se plaisait beaucoup à Paris, « dans sa chère Lutèce », où il habitait un palais, le Palais des Thermes, dont on voit encore les ruines au coin du boulevard Saint-Michel et de la rue du Sommerard, accorda de nouveaux privilèges à la même corporation. Même il éleva tous les *nautæ* à la dignité insigne de chevaliers romains.

La corporation des bateliers parisiens percevait certains droits sur les marchandises qu'elle transportait. Unie par une sorte de pacte fédéral avec les autres corporations de bateliers qui exploitaient le commerce des différents fleuves et rivières de la Gaule, elle avait une caisse commune et des biens fonciers inaliénables, possédés en propriété collective, et dont les revenus étaient employés au profit de la corporation. Dans ces temps à demi-barbares, où les rares routes tracées n'étaient pas sûres, et où, par conséquent, presque tous les transports devaient se faire par eau, les corporations de bateliers devaient être fatalement les maîtres du commerce et avoir la haute-main sur les affaires. C'est cette situation privilégiée qui assit leur influence sur des bases inébranlables et finit par faire d'eux les représentants les plus autorisés de la cité. Grâce à la solidarité des intérêts, les *nautæ*, qui s'appelèrent ensuite les marchands de l'eau, — *mercatores aquæ* — se trouvèrent à avoir à leur dévotion une immense clientèle, qui comprenait tous ceux qui vivaient de travail et de négoce. Toutes les autres corporations gravitaient autour d'eux, et c'est ainsi que, peu à peu, la force des choses les investit de l'administration municipale.

Ils commencèrent, sans doute, par être choisis pour remplir le rôle important de *défenseurs de la cité*, rôle de tutelle et de patronage qui consistait à protéger les citoyens contre les exactions du fisc et contre l'arbitraire des officiers royaux. Puis, par une évolution naturelle, leurs attributions s'étendirent à la police, au recouvrement des impôts, à la surveillance des poids et mesures, au contrôle de la navigation. C'est toujours un intérêt commercial qui se retrouve au fond de cette influence grandissante. Aux marchands de l'eau revient encore le droit de rendre la justice dans toutes les contestations commerciales ; c'est déjà le même principe qui devait présider à la création de nos tribunaux consulaires et de nos tribunaux de prud'hommes d'aujourd'hui.

Telle était la situation de Paris au moment où se manifesta le grand mouvement communal. La grande ville n'y pouvait rester indifférente. Seulement, au lieu de s'appliquer à la commune elle-même, le principe révolutionnaire de l'association mutuelle contre la tyrannie, s'appliqua à la corporation qui exerçait en réalité le pouvoir municipal. Ce furent aux confréries industrielles, aux corps de métiers, à la corporation des marchands de l'eau et aux autres corporations qui formaient avec celle-ci une véritable *hanse* ou confédération, que furent attribués les avantages et les libertés que les communiers de province demandaient pour l'association particulière et nouvelle, à la fois politique et sociale, qu'on appelait « commune ».

Les marchands de l'eau parisiens avaient arraché à la monarchie la reconnaissance officielle des vieilles coutumes qui leur attribuaient le monopole du commerce par voie de Seine depuis le pont de Mantes. Ils lui avaient aussi arraché, lambeau par lambeau, une foule d'autres privilèges qui leur assuraient, en fin de compte, une véritable indépendance et faisaient de leur ligue un État dans l'Etat. Leur confrérie était devenue, appuyée qu'elle était sur l'indéfectible alliance des autres corps de métiers, une sorte de commune particulière, dont l'existence, la vitalité et la force garantissaient à la cité parisienne des prérogatives analogues à celles que les bourgeois des communes avaient conquises pour leurs localités.

C'était également une association jurée s'inspirant d'un remarquable esprit de fraternité et d'assistance réciproque, mélangé d'une sorte d'hostilité jalouse et méfiante contre tout ce qui ne faisait pas partie de la société. Il ne faut pas s'étonner outre mesure de cet assemblage de sentiments contradictoires. A cette époque grossière, où les mœurs étaient si violentes, où la force régnait en souveraine, toutes les entreprises, même les plus fraternelles, étaient fatalement entachées d'une certaine étroitesse. Pour l'individu, opprimé et exploité partout, enserré dans un cercle de fer de privilèges, la liberté ne pouvait apparaître que sous la forme d'un privilège nouveau. C'était entre les différentes classes sociales une concurrence effrénée où sévissait dans toute sa brutalité cet adage impitoyable : « Celui qui n'est pas avec nous est contre nous ! » Aussi malheur à l'infortuné qui n'avait pas su s'embrigader dans une corporation quelconque ! Tout le monde le traitait en étranger, en ennemi. Ainsi l'exigeaient les impérieuses nécessités de la lutte pour l'existence.

En revanche, la solidarité la plus intime unissait entre eux tous les membres de la même société. « Un pour tous, tous pour chacun », telle était la devise essentielle des « confrères », et plus sévèrement encore que l'étranger et que l'ennemi déclaré était traité celui qui avait trahi les intérêts de la corporation ou fait du tort à l'un de ses membres.

C'était surtout cette discipline intérieure des corporations qui faisait leur force et les mettait à même de traiter d'égal à égal avec les seigneurs les plus considérables et même avec le roi.

Ces explications préliminaires, et que le cadre de cet

ouvrage nous oblige malheureusement à donner trop suc-
cinctes, étaient indispensables à l'intelligence des événements dont nous allons immédiatement entreprendre le
récit.

Nous connaissons désormais les partis en présence avec
leurs forces respectives, leurs sentiments, leurs passions et
leurs vœux. Quand nous aurons ajouté que, vers le milieu
du xive siècle, les souffrances des déshérités, du « menu
peuple », des « vilains », du « commun », de la « canaille »,
comme on disait alors dans un langage méprisant dont la
tradition n'est pas perdue, s'aggravaient encore de toutes
sortes de fléaux accidentels, des misères de l'invasion enne-
mie et des incursions incessantes de ces bandes de brigands
mercenaires qui faisaient le fond des armées de ce temps-là
et qui promenaient partout avec elles le massacre, la dévastation, le pillage et l'incendie, des horreurs de la peste et de la
famine, et que, par-dessus le marché, les pouvoirs publics,
emportés par on ne sait quelle émulation malsaine, ne
mettaient plus aucune limite à leurs déprédations et à leurs
violences arbitraires, nous ne nous étonnerons plus de
l'explosion de colères, de vengeances et de revendications
qui marque dans l'histoire, sans résultat, hélas! cette date
lamentable.

Depuis longtemps, la masse exploitée faisait timidement et
pacifiquement entendre ses doléances et ses demandes de
liberté. Même les gouvernants avaient, en maints endroits, fait
droit à ses desiderata légitimes, qu'il eût été peut-être dangereux de heurter de front. Mais ils se repentaient bientôt
d'avoir cédé ; alors ils se mettaient à retirer leurs promesses,
à violer leurs serments, à détruire les nouvelles institutions
qu'ils avaient reconnues, et cela, précisément, à l'heure où
leurs sujets, mis en appétit par les quelques bribes obtenues,
se disposaient à demander autre chose. Le conflit était forcé
et l'on voyait alors se déchaîner, avec toutes leurs violences,
les passions populaires, excitées par le ressentiment de l'in-

justice, l'instinct de la vengeance et la terreur inspirée par l'inconnu de l'avenir.

Cette marche est, au surplus, la marche fatale de toutes les révolutions. La révolution communale de 1355-1358 ne s'est point écartée de cette tradition, qui est une loi.

Docteur et écolier.

CHAPITRE II

Règne du roi Jean. — Charles le Mauvais.

Jamais les naïves espérances, que la crédulité des peuples conçoit au commencement de chaque nouveau règne, ne furent plus mal fondées que quand le triste fils de Philippe de Valois, Jean II, vint s'asseoir sur le trône de son père (22 août 1350).

Le nouveau prince était une sorte d'énergumène fantasque, cruel, prodigue et débauché, d'une ignorance crasse et d'un entêtement sans bornes, qu'aggravaient encore un orgueil excessif et les plus bizarres prétentions à l'absolutisme. Quand on rencontre chez un simple particulier un pareil assemblage de défauts et de vices, c'est un droit et même un devoir de les flétrir en passant, mais il faut bien reconnaître qu'il ne présente pas alors un péril bien sérieux : c'est aux hommes qui sont affligés de ce voisinage désagréable de se défendre, et, au besoin, de se faire justice. Il en est tout autrement quand il s'agit d'un personnage investi par les circonstances, par l'usurpation de la force, par un préjugé traditionnel ou par l'aveugle confiance des contemporains, de la mission de présider aux destinées d'un grand pays. Alors les moindres actes prennent une importance capitale, les erreurs et les fautes de celui qui, s'il ne détenait le pouvoir, serait noyé dans la masse, deviennent un danger public, une calamité nationale. Quand tout

dépend d'un homme, en effet, les plus petites choses peuvent
entraîner les plus graves conséquences. C'est là surtout que
réside le vice de la théorie gouvernementale ; c'est pour cela
que les peuples ne doivent jamais abdiquer, ni s'en remettre
témérairement du soin de leurs intérêts à un ni même à plusieurs souverains, placés, par le fait seul de la fonction
suprême qu'ils occupent, au dehors et au-dessus de la foule
gouvernée ; c'est pour cela qu'il y va de leur liberté, de leur
sécurité, de leur salut, de prendre, au contraire, pour devise
et pour règle de conduite la fameuse apostrophe d'Anacharsis
Cloots : « France, débarrasse-toi des individus ! »

Donc, à cette époque troublée et malheureuse, où la monarchie n'avait encore rien perdu de son prestige séculaire,
où des fléaux de toutes sortes, la peste, la guerre, la famine,
le brigandage, etc., s'abattaient sur la France, le pire de tous
les fléaux allait être encore son nouveau maître.

Celui-ci avait une idée fixe, c'était d'être un roi *gentilhomme*,
ce qui signifiait alors un parfait chevalier, conformément
aux règles minutieuses du code particulier d'honneur et de
galanterie de l'aristocratie du temps. C'est dire qu'il était
brave, brave à la façon de son beau-père, Jean de Bohême,
qu'il avait choisi pour modèle, brave follement, aveuglément,
comme on l'était à cette époque, d'une bravoure stérile et fan-
faronne qui n'était guère qu'une brutale témérité. C'est pourtant à cette unique qualité qu'il dut son surnom de *Bon*, qui
ne serait qu'une ironie sinistre, s'il ne signifiait *brave*,
étourdi, *léger*, *prodigue*, quelque chose comme l'épithète
toute moderne de « bon garçon », ce qui ne l'empêchait pas,
au surplus, de verser le sang sans remords, d'opprimer et
de pressurer impitoyablement ses malheureux sujets.

Son règne débuta, comme il convenait à un pareil homme,
par une banqueroute et un assassinat. Pour célébrer son avènement, payer les frais de son sacre et de la chevalerie de
son frère et de ses deux fils, subvenir enfin à sa frénésie
d'amusement et de plaisir, Jean le Bon eut recours au pro-

Une boutique au XIVe siècle.

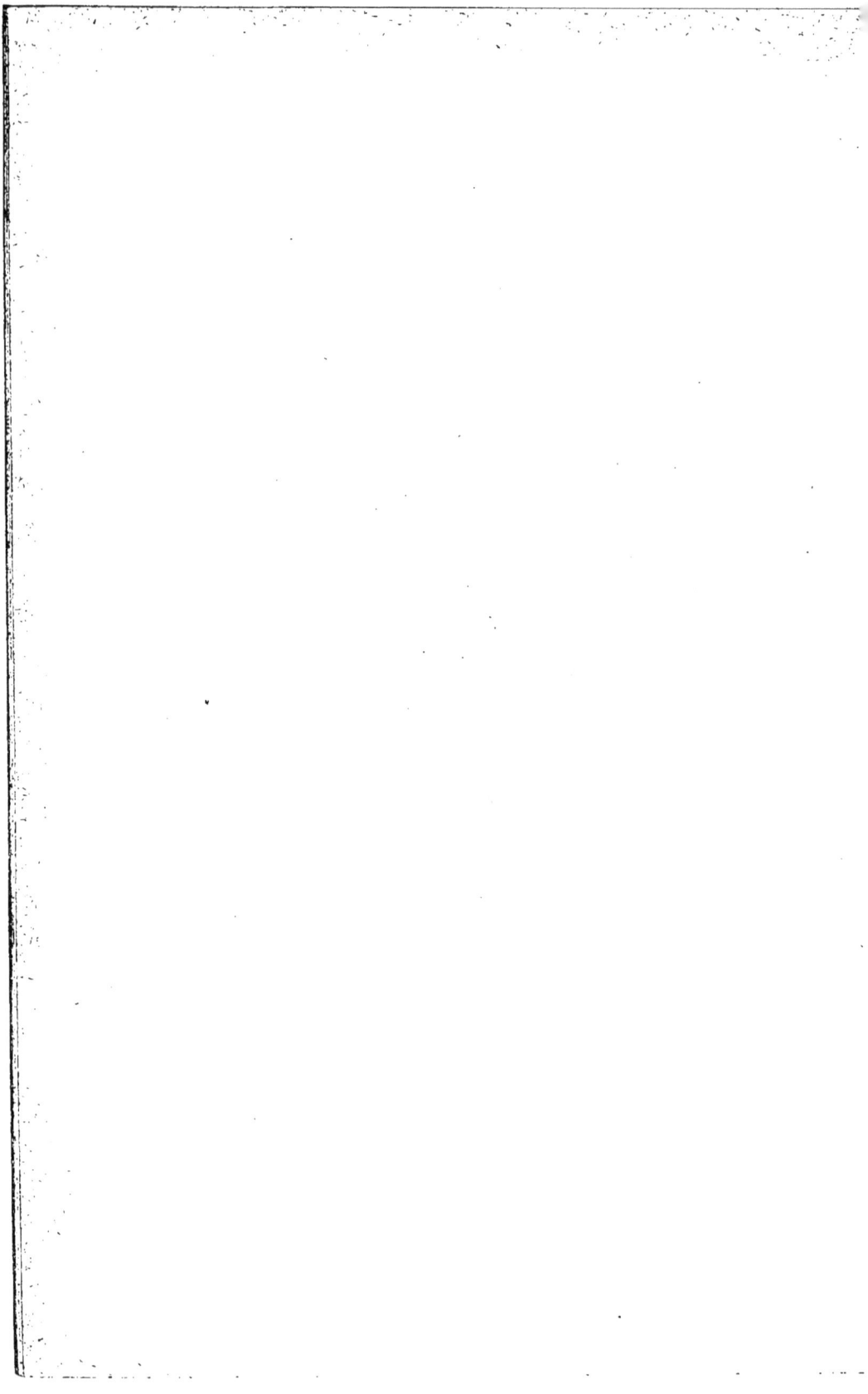

cédé favori de ses prédécesseurs, à l'altération des monnaies. Mais il n'eut pas plutôt mis le pied dans cette voie traditionnelle qu'il dépassa, du premier vol, tout ce qui avait été fait avant lui et tout ce que pouvait concevoir pour l'avenir l'imagination la plus dévergondée. Au moment où il monte sur le trône, le marc d'argent vaut 5 livres 5 sous ; à la fin de l'année il vaut 11 livres, ayant ainsi varié de cent pour cent en treize mois. En février 1352, nouveau changement : le marc d'argent tombe à 4 livres 5 sous, pour remonter en 1355, après une foule d'autres variations, aussi excessives que subites, à 18 livres. Il est remis encore à 5 livres 5 sous, mais on affaiblit tellement la monnaie qu'en 1359 il est au taux de *102* livres. C'est quelquefois dans la même semaine que s'accomplissent ces ruineuses mutations. De 1351 à 1360, la livre tournois change *soixante et onze fois* de valeur !

Les commerçants et les particuliers ayant imaginé, pour tourner ces édits spoliateurs, de fixer convenablement et définitivement le prix des marchés soit entre eux, soit avec le prince, le roi, pour ne pas perdre le bénéfice de ses rapines, imagine alors de recourir aux altérations clandestines des monnaies. Les maîtres et les employés des monnaies doivent jurer de ne rien révéler, sous menace des peines les plus sévères. Ils reçoivent même l'ordre de mentir hardiment et de donner de faux renseignements aux gens qui viennent demander la valeur actuelle des espèces en circulation. De cette façon, personne ne peut soupçonner si le titre de la monnaie est ou non abaissé.

Qu'on juge de la perturbation jetée dans les transactions commerciales, dans les affaires quotidiennes, dans les échanges les plus communs, par ces caprices arbitraires, que les édits royaux essaient vainement, avec une ironique hypocrisie, de présenter comme un mode à la fois plus prompt, plus facile et moins onéreux de percevoir l'impôt ! Au surplus, l'excès du mal va lui-même faire naître le remède.

En dépit, en effet, des règlements, des ordonnances, des menaces, de l'espionnage et des châtiments, le peuple, ne prenant conseil que de son propre intérêt, s'habitue à conserver
dans le commerce les espèces démonétisées pour un prix plus
fort que le taux officiel, ou bien à ne plus les compter d'après
leur valeur nominale, mais au poids. Comment faire pour se
créer de nouvelles ressources? Le roi qui ne rêve que diver-
tissements et nouveaux plaisirs aurait bien recours à l'impôt.
Mais pour faire payer cet impôt à des populations mécon-
tentes et tondues déjà jusqu'à la peau, il faudrait, comme
l'on dit, une armée de percepteurs, appuyée sur une armée
de sergents, dont la solde absorberait les sommes recueillies.
Pour parer à ces difficultés, force lui est de convoquer les
Etats, l'assemblée des délégués de la nation, Or, la convocation des Etats, nous allons le voir, c'est la Révolution à brève
échéance [1].

Voilà pour la banqueroute. Passons à l'assassinat.

[1] Le roi devait pressentir lui-même, malgré son outrecuidance, ce résultat
fatal, et il fallut la pression de la nécessité pour le contraindre à cette mesure
désespérée. Ainsi, craignant sans doute la turbulence des Parisiens, il
édicte, en janvier 1351, une ordonnance sur la police qui prescrit les mesures les plus sévères contre les « classes dangereuses ».
Cette ordonnance porte notamment que « toutes mainières de gens oiseux
» ou joueurs de dez, ou enchanteurs ès-rues ou truandans, ou mendians de
» quelque estat ou conditions qu'ils soient, hommes ou femmes, qui soient
» sains de corps et de membres, s'exposent à faire aucunes besoignes de
» labeur, en quoy ils puyssent gaigner leur vie, sinon vuydent la ville de
» Paris et les autres villes de ladicte prévosté et vicomté dedans trois jours
» après ce cry ».
« Défense aux taverniers de recevoir ni receler nuls joueurs, n'autres gens
» diffamez en leurs tavernes, sur peine de soixante sols d'amende... »
Cette curieuse ordonnance réglemente, en outre, la vente de presque tous
les objets de consommation, du pain, du vin, du charbon, du blé, du bois, de
la marée, de la viande, de la volaille, du cuir et des étoffes ; même le travail
des femmes y est tarifé. Des précautions minutieuses sont prises contre les
tallemelliers (boulangers) qui vendent à faux poids, contre les taverniers qui
sophistiquent leurs boissons. Défense est faite à ces derniers de vendre à
boire après le couvre-feu.
Elle se termine par une prescription singulière et qui donne une étrange
idée de l'édilité parisienne de l'époque. Défense est faite d'élever des
cochons dans l'enceinte des fortifications de Paris, sous peine de dix sols
d'amende. En outre, les cochons délinquants seront abattus non seulement
par les sergents, mais par quiconque les rencontrera par la ville. Celui qui
tuera ainsi un cochon pris à courir en fraude aura droit à la tête de
l'animal. Le corps revient aux hospices...

En même temps que Jean faisait tout pour complaire aux nobles et restaurer la chevalerie, et qu'il créait, à cet effet, un ordre militaire nouveau, celui de l'Etoile, destiné à devenir les Invalides de la chevalerie, en assurant une retraite à ses membres, sur un simple soupçon, sans jugement, sans forme de procès, il faisait décapiter Raoul de Nesle, comte d'Eu et de Guines, ancien conseiller de Philippe VI, au moment où il revenait d'Angleterre, sur parole, pour obtenir de ses vassaux le prix de sa rançon.

Il alléguait que ce seigneur avait conçu le dessein de livrer la ville de Guines aux Anglais, en échange de sa liberté personnelle. Ce n'est guère probable, puisque les contemporains ne semblent pas y croire, et que Froissart lui-même, si disposé à tout excuser chez les rois, manifeste sa surprise et ses regrets. Il y a plutôt lieu de croire que la cupidité fut le mobile unique de ce meurtre. Le roi avait besoin d'une victime, afin de jeter ses dépouilles à l'avidité de ses courtisans. L'usage qu'il fit des biens du comte de Guines est bien de nature à confirmer cette hypothèse.

Tout fut jeté, en effet, même l'épée de connétable que portait le malheureux assassiné, à un favori, homme d'origine étrangère, ambitieux et rusé, Charles d'Espagne, descendant de la famille de La Cerda, avec lequel le roi était lié d'une amitié suspecte.

Non content de donner au nouveau connétable les dépouilles des morts, le roi voulut y adjoindre, par dessus le marché, les biens des vivants. C'est ainsi qu'il se fit un ennemi mortel de son propre gendre, Charles, roi de Navarre, que l'histoire appelle *le Mauvais,* on ne sait trop pourquoi[1], — car il ne fut

---

[1] Ce surnom lui avait été donné, alors qu'il était tout jeune encore, par ses sujets du royaume de Navarre, à cause de la cruauté dont il avait fait preuve dans la répression d'une conspiration. Il méritait l'épithète, soit ! Mais le roi Jean, son cousin et beau-père, ne la méritait-il pas à autant de titres ? Est-il possible, d'ailleurs, qu'un roi soit *bon,* alors que son existence seule est une menace pour la liberté et la sécurité des citoyens, pis que cela, un attentat permanent contre les droits les plus sacrés de la personne humaine ?

n. meilleur ni pire que son beau-père, — en lui enlevant l'Angoumois, pour le donner à La Cerda.

C'est ici le moment sans doute de dire, en quelques mots, ce que c'était que ce personnage.

Charles d'Evreux, descendant d'une fille du roi de France, Louis-le-Hutin, et cousin du roi Jean au deuxième degré, eût été, par sa mère, l'héritier légitime de la couronne, si la loi salique, ou plutôt l'usage salique, n'avait prévalu et fait de la France une monarchie guerrière et féodale, peu disposée à laisser tomber le sceptre en quenouille. Cependant, la tradition n'était pas assez profondément enracinée pour qu'il ne fût pas loisible de la discuter et de préparer sa violation avec des chances de succès. Le roi d'Angleterre, Edouard III, n'avait pas fait autre chose pour disputer à Philippe de Valois la couronne de France et entam r cette guerre sanglante qui durait encore et allait se prolonger un siècle. Or, si l'on devait en revenir aux droits des femmes, Charles d'Evreux était certainement plus prochain que le roi d'Angleterre.

Ce n'était donc pas un rival méprisable pour le roi Jean, dont, par son existence seule, il troublait le repos. Roi de Navarre, ce qui lui permettait de se créer des relations dans la Guyenne française, il possédait encore le comté d'Evreux et quantité de bonnes terres et de places fortes en Normandie, dans l'Ile-de-France, aux portes même de Paris, et pouvait, du chef de sa mère, élever des prétentions sur la Champagne et la Brie, que les tuteurs de la reine Jeanne, gagnés aux convoitises royales, avaient cédées en son nom, pendant sa minorité, moyennant une rente dérisoire de quinze mille livres, hypothéquée sur l'Angoumois.

C'était, d'ailleurs, un homme plein d'esprit et de feu, à l'éloquence entraînante, intrigant, ambitieux, dissimulé, sachant attendre, mais ne sachant guère oublier, d'une pénétration et d'une perspicacité qui n'avaient d'égale que son audace. Son abord sympathique, ses manières séduisantes, lui avaient acquis une énorme popularité.

Aussi, Jean le Bon, qui redoutait de l'avoir pour ennemi, avait-il essayé de se l'attacher en lui donnant sa fille en mariage et en le nommant gouverneur royal de la province de Languedoc.

C'était la plus sage politique. Mais l'esprit de suite manquait à Jean en toutes choses. A peine Charles le Mauvais fut-il son gendre que, se croyant assuré contre ses tentatives, au lieu de faire droit à ses légitimes réclamations au sujet de la Champagne et de la Brie, il lui enlevait encore l'Angoumois et plusieurs châteaux pour en faire cadeau à son favori La Cerda.

C'en était plus que n'en pouvait supporter le jeune prince. Jaloux de la fortune rapide et croissante que faisait ainsi, à ses dépens, le nouveau connétable, qui ne lui ménageait, au surplus, ni les insultes, ni les humiliations, ni les menaces, allant jusqu'à l'appeler en public « billonneur (faux-monnoyeur), traître et complice des Anglais », il médita de se venger. Après avoir longtemps attendu l'occasion favorable, il fit assassiner son ennemi par ses affidés, au moment où il visitait la ville de Laigle, dont la générosité royale venait encore de le gratifier.

La colère du roi Jean fut terrible, et il n'eût pas manqué de chercher à infliger au coupable un châtiment exemplaire, si la crainte de mécontenter sa fidèle noblesse, que la guerre civile eût partagée en deux camps, et la crainte surtout de voir les Navarrais s'allier avec les Anglais qui venaient de recommencer les hostilités, ne l'avaient déterminé à consentir, à contrecœur, à une réconciliation.

Charles le Mauvais dut faire amende honorable et demander pardon à genoux. Mais, en revanche, il reçut, comme prix de cession de ses droits sur la Champagne et sur la Brie, pour trente-huit mille livres de bonnes terres dans le voisinage de son comté d'Evreux, obtenant ainsi par le crime, selon la judicieuse remarque de Henri Martin, la justice refusée à des réclamations pacifiques et régulières.

Il est bon de remarquer que ni l'une ni l'autre des deux parties n'étaient disposées à respecter les clauses de ce traité de circonstance.

Inquiet des intrigues que son gendre nouait au sein même de son conseil privé, le roi Jean le menaça de nouveau, et fit même saisir tous les fiefs de la maison d'Evreux en Normandie Cette nouvelle injustice jeta le roi de Navarre, qui s'était d'abord réfugié à Avignon auprès du pape, dans les bras des Anglais.

La guerre avait, en effet, recommencé avec ceux-ci depuis le 1er août 1351, date de l'expiration de la trève. Plusieurs engagements avaient eu lieu dans l'Artois, en Bretagne en Guyenne, et notamment à Saint-Jean-d'Angely, où les Français avaient eu le dessus. Mais, somme toute, la guerre avait été menée mollement, avec un désir également vif des deux côtés d'en finir par une paix quelconque. La rupture nouvelle du roi de France et du roi de Navarre qui, abandonnant résolument la défensive pour l'offensive, s'installait à Cherbourg avec dix mille hommes et donnait le signal de la guerre civile, changea la face des choses. Edouard III, comprenant de quel puissant secours allaient lui être ces discordes intestines, se hâta d'expédier sur les côtes de France des troupes de débarquement. En même temps, le prince de Galles ravageait à son aise les provinces du Midi. A la tête d'une petite armée de chevaliers aguerris, il parcourait le fertile Languedoc, pillant sur son passage tout ce qui se pouvait emporter et incendiant le reste. Après une course poussée jusqu'à Narbonne, il rentrait à Bordeaux avec cinq mille charrettes chargées de butin. Puis, ce fut le tour du Rouergue, de l'Auvergne, du Limousin, même du Berri..... Pendant ce temps-là, le roi Jean s'amusait à forcer les châteaux du roi de Navarre en Normandie, de peur qu'il n'y introduisît l'Anglais.....

Cependant, cette avalanche de désastres finit par lui ouvrir les yeux. Il chercha à se rapprocher de son gendre, en se promettant bien de ne pas plus respecter les nouveaux enga-

gements qu'il n'avait respecté les premiers. Puis, comme le
trésor était vide, que le paiement de toutes les dettes était
suspendu, que les arsenaux étaient sans munitions, les troupes dispersées et découragées, il fallut bien se résigner à convoquer les États-Généraux, malgré la répugnance que devait
éprouver le pouvoir royal à se soumettre au contrôle de ses
sujets.

C'était, nous l'avons déjà dit, déchaîner la Révolution.
Mais qui donc alors aurait pu le prévoir?

Dame

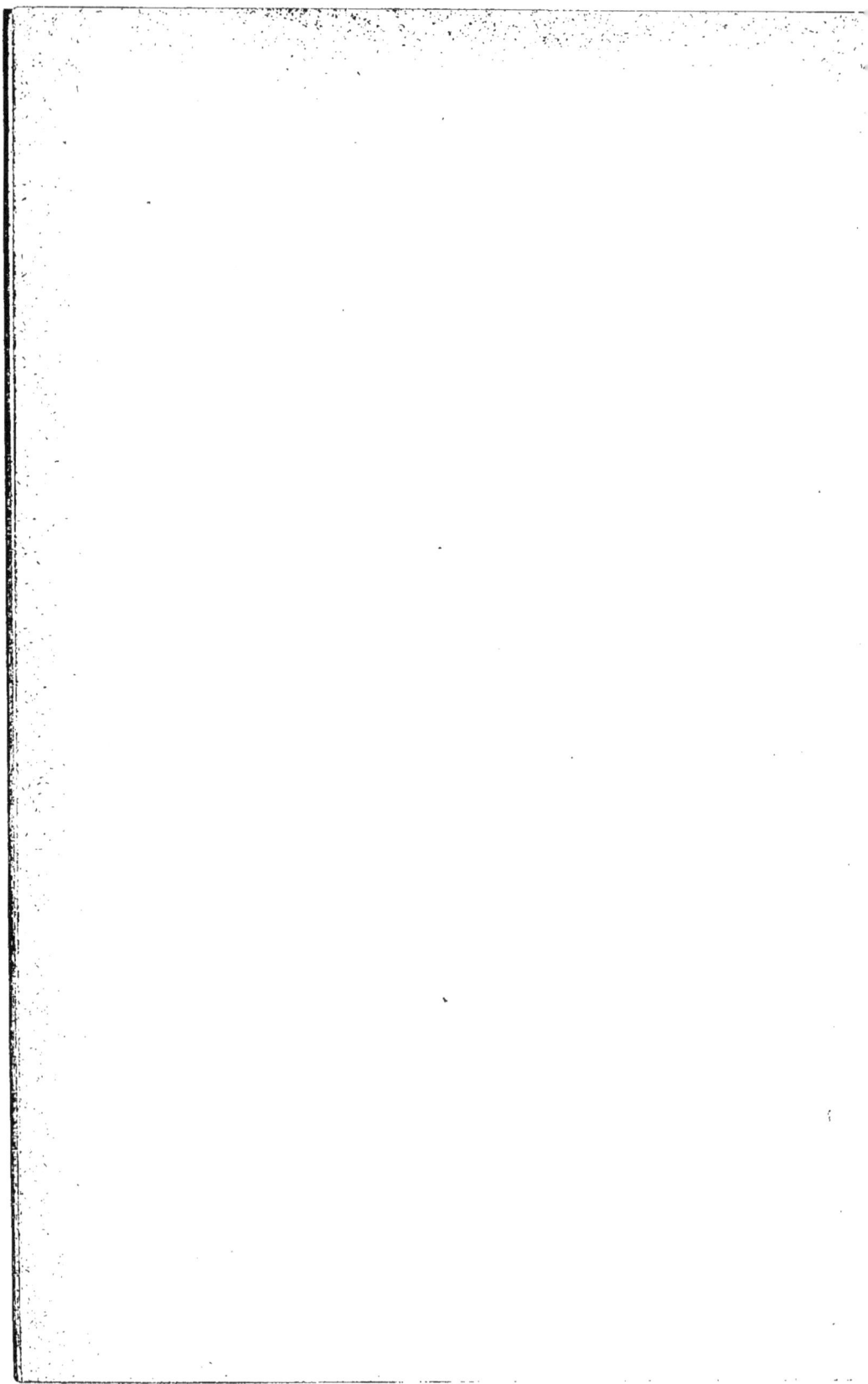

CHAPITRE III

Les Etats-Généraux de 1355.

Ce n'avait jamais été de bon cœur que les rois s'étaient adressés aux Etats-Généraux. Il avait fallu pour cela qu'ils fussent bien besogneux, et l'idée de demander à leurs sujets leurs conseils et leurs subsides avait dû être engendrée par une bien pressante nécessité pour venir à l'esprit de ces souverains absolus qui ne connaissaient d'autre loi que leur propre volonté. Mais ils avaient eu besoin d'argent, un besoin impérieux, immédiat. Or, les paysans étaient ruinés, saignés à blanc. Seuls, les bourgeois des villes avaient encore des ressources. On ne pouvait plus s'adresser qu'à eux.

Mais les bourgeois, quoique moins nombreux que les paysans, étaient autrement redoutables. Vivant les uns auprès des autres, ils avaient su organiser, comme nous l'avons vu, sous le nom de communes ou de corporations, des ligues puissantes pour la défense de leurs intérêts, et, dans maintes occasions, ils avaient montré aux seigneurs bardés de fer qui méprisaient ces « vilains », que, dans des mains robustes, les outils des métiers pouvaient devenir des armes terribles et même victorieuses. On ne pouvait, ceux-là, les piller avec autant de désinvolture et d'impunité que leurs frères déshérités des campagnes. Force avait donc été pour leur arracher un concours indispensable, de subir un peu leurs remontrances et de faire droit à leurs réclamations, remontrances bien

humbles, au surplus, et réclamations bien modestes. L'heure
n'était pas encore sonnée où ils allaient parler haut et ferme...

Ce fut, par un hasard singulier, le plus absolu et le plus
violent de nos rois, Philippe le Bel, qui le premier dut se
plier à cette nécessité humiliante. Il fallait bien remplir les
caisses du trésor; il fallait bien aussi trouver au pouvoir
royal un appui solide dans la lutte engagée contre le Saint-
Siège. En 1294, en 1295, en 1302, Philippe le Bel convoque
les Etats-Généraux des trois ordres (clergé, noblesse et tiers-
état ou bourgeoisie), leur demande de voter l'impôt et d'en
régler la perception et l'emploi... La royauté avait un pied
dans l'abîme.

Cependant, les prétentions de la bourgeoisie, tout entière
d'abord à la distinction flatteuse qu'on lui faisait en l'associant à
l'exercice de la souveraineté, commencèrent par être extrêmement modérées. Tout ce que le roi demandait lui était
accordé le plus facilement et le plus gracieusement du monde.
C'est à peine si les députés, étourdis d'un honneur aussi extraordinaire, se permettaient par-ci par-là quelques timides
observations.

Mais dès 1351, quand le roi Jean, ne se doutant pas de
tous les progrès qu'avait lentement et sourdement faits l'éducation politique du tiers-état, s'avisa de demander aux Etats-
Généraux de la langue d'Oïl[1], de quoi payer les frais de son
avènement au trône et des nouvelles fêtes qu'il préparait
déjà, les choses changèrent de tournure. Il avait pourtant
bien pris ses précautions, et, à l'en croire, s'il consultait les
prélats, les ducs, les comtes, les barons, les citoyens et autres
personnes sages du royaume, c'était « pour délibérer avec
eux sur tout ce qui pouvait contribuer à la félicité de ses su-

---

[1] On appelait pays de la langue d'Oïl les provinces du Nord et du centre
de la France, y compris la Bourgogne et la Bretagne qui n'en faisaient
pourtant que nominalement partie par opposition aux provinces méridio-
nales, dites pays de la langue d'Oc. — Cette classification était basée sur
la différence des prononciations du mot « oui » qui se disait « *oïl* » dans les
premiers et « *oc* » dans les seconds.

jets ». Rien n'y fit. Les Etats-Généraux ne se laissèrent pas prendre à cet appât trompeur, ou, ce qui est plus vrai, ils essayèrent de se conformer à la lettre même des propositions royales. Autant que le vague des textes permet d'en juger, ils marchandèrent longuement leurs suffrages, réclamant des garanties, alléguant qu'ils n'avaient pas de pouvoirs pour voter définitivement l'impôt. Il fallut les dissoudre, n'en ayant presque rien obtenu, mais non sans leur avoir fait certaines concessions. L'une des plus curieuses est celle-ci, qui jette un singulier jour sur les mœurs de l'époque : le roi s'engage à défendre à ses gens *d'emporter les matelas et les coussins des maisons de Paris où il aura couché*... Il paraît que ce genre de pillage était devenu une habitude courante !

Pour se procurer des ressources, Jean dut alors s'adresser aux Etats provinciaux. Mais, dans les assemblées provinciales, plus éloignées du pouvoir royal, l'esprit d'indépendance était encore plus puissant. D'autre part, vivant au milieu de leurs électeurs, sous leur contrôle permanent, les députés devaient se montrer plus accessibles à la compassion inspirée par la misère du peuple, au désir de la soulager, plus rebelles, par conséquent, aux influences étrangères. Toute la question pour eux était de faire des économies et de mériter la reconnaissance des populations sous les yeux desquelles ils siégeaient. Le roi, n'en pouvant rien tirer et de plus en plus gêné d'argent, fut encore obligé, au risque d'entendre quelques revendications malsonnantes, de convoquer les Etats-Généraux à la date du 2 décembre 1355.

Cette fois, ce fut bien une autre affaire.

Par un vague pressentiment de l'importance du rôle qui leur était réservé, les députés des pays de la langue d'Oïl s'étaient rendus en grand nombre à l'appel du roi, et l'on comptait parmi eux plusieurs personnages d'un grand mérite, entre autres, Jean de Craon, archevêque de Reims, pour le clergé, le roi de Navarre, Charles le Mauvais, qui déjà avait été l'âme de l'opposition aux Etats de 1351, pour la noblesse, et enfin notre héros Etienne Marcel, qui va être à son tour l'âme de l'opposition dans cette assemblée et dans les assemblées suivantes, pour le tiers-état.

Suivant son habitude, la royauté commença par faire patte de velours. Ce fut Pierre de Laforest, chancelier de France et archevêque de Rouen, qui porta la parole au nom du roi. Il montra que le trésor était à sec, que l'invasion anglaise faisait tous les jours de nouveaux ravages, qu'il y avait urgence à lui barrer la route, mais que, pour ce faire, il fallait de l'argent. C'était le refrain obligé de tous les discours du trône. Cette fois, cependant, on y ajoutait une variante. Comme une expérience antérieure avait fait craindre que les Etats ne fussent quelque peu durs à la détente, on promettait que, si le subside était accordé, le roi frapperait une bonne monnaie sur laquelle il ne serait plus fait de changements.

Mais les Etats ne se contentèrent pas de cet engagement fallacieux. Ce fut Etienne Marcel, « au nom des bonnes villes », qui répondit à Pierre de Laforest, avec l'orateur du clergé Jean de Craon, et l'orateur de la noblesse Gauthier de Brienne, en demandant que les trois ordres eussent le droit de délibérer ensemble. C'était fort habile. Il était à prévoir, en effet, que les nobles, dont l'incapacité et l'ignorance étaient notoires et qui ne rêvaient que chasses, guerres ou tournois, et les prêtres, tout imprégnés de théologie et de scolastique transcendantale, laisseraient aux bourgeois, dont ils ne soupçonnaient pas encore les visées ambitieuses, tout le soin de l'administration et de la gestion des affaires, en fin de compte, la prépondérance.

Les Etats ne se refusèrent point, au surplus, à accepter courageusement les sacrifices nécessaires qu'on demandait à leur patriotisme. Le danger était à la fois trop évident et trop urgent pour qu'il fût permis d'hésiter. Les Etats n'hésitèrent point, mais ils posèrent des conditions et exigèrent des garanties.

Ils consentirent bien à accorder au roi une aide pour l'en-

tretien de trente mille hommes d'armes pour un an, et à assurer cette somme, évaluée à « cinquante cent mil » (cinq millions)
livres parisis [1] par l'établissement d'un impôt sur le sel, ou gabelle, et par la levée d'une taxe de huit deniers par livre sur
toutes les marchandises vendues. Seulement, il fut décidé que
les nouveaux impôts seraient payés indistinctement par toutes
personnes, « clers ou laïques, nobles ou non nobles, voire par
» le seigneur roy, sa très chière compaigne la royne, son très
» chier fils », et tous les membres de la famille royale.

Le roi dut accepter. On lui réservait, au surplus, d'autres
surprises, bien plus cruelles encore. Frappés, en effet, des
désordres de l'administration, des dilapidations qui y régnaient
et de l'infidélité dont les agents royaux, instruments dociles
de toutes sortes de manœuvres frauduleuses, avaient donné
mille preuves, les Etats voulurent s'attribuer la perception de
l'argent; ils en firent même la condition de leur vote. C'é-
taient les Etats qui désormais devaient nommer les trésoriers
et les receveurs chargés dans chaque circonscription de répartir et de lever l'impôt, ainsi que les commissaires chargés
d'employer les fonds exclusivement aux frais de la guerre.
Enfin, toute l'administration financière allait être placée sous
le contrôle et la surveillance d'une commission de neuf surintendants, élus dans le sein même de l'assemblée, dont trois
prêtres, trois nobles et trois bourgeois, auxquels il était inter-
dit de manier personnellement les fonds dont ils devaient diri-
ger et surveiller la perception.

Ces neuf surintendants devaient être de véritables tribuns
du peuple, puisque, demeurant en permanence à Paris dans
l'intervalle des sessions des Etats, ils avaient le droit de se
faire prêter main forte par tous les citoyens, enfin de résister
au roi, *même par la force*, s'il s'avisait de donner un ordre
contraire à la volonté des Etats !

D'un autre côté, l'Assemblée consacra son indépendance,

---

[1] Plus de quarante millions de francs de notre monnaie.

en transformant les Etats en une institution régulière et permanente, au lieu d'être un simple expédient provisoire aux jours de crise. Elle y réussit en ne votant les subsides que pour une année, ce qui obligeait le roi à la convoquer de nouveau au mois de mars 1356, pour vérifier et recevoir les comptes des surintendants, puis à la Saint-André (30 novembre), afin de voter de nouveaux subsides, s'il était nécessaire, et de pourvoir aux besoins du royaume. Désormais les agissements de la royauté allaient être soumis à un contrôle incessant et sévère... Un nouvel ordre de choses allait naître ..

Les Etats ne bornèrent pas là leur œuvre. Ils prirent encore une foule de mesures hardies, dont les chroniqueurs, si complaisamment prolixes quand il s'agit des chevaliers et des « gentes » dames, se gardent de souffler mot, mais qui n'en étaient pas moins excellentes. Une des plus considérables fut, sans contredit, l'invitation faite à tous les citoyens de s'armer « selon leur état », et de se donner une organisation militaire leur permettant de se défendre eux-mêmes. C'était l'armement démocratique de la nation; la sanction garantie aux droits populaires, et sans laquelle ces droits restent inévitablement à l'état de lettre morte et mystificatrice. On ne possède véritablement un droit que quand on a les moyens de le faire respecter envers et contre tous !

On fit mieux encore. Les officiers royaux avaient le droit — qualifié *droit de prise* — de prendre partout, et sans payer, les chevaux, voitures, blés et autres denrées dont le roi, la reine et leur famille pouvaient avoir besoin pendant leurs voyages. Ils avaient même autrefois le droit d'emporter la literie des maisons où le roi avait couché! Ce droit leur avait été enlevé, nous l'avons vu, par une ordonnance de 1351, mais il s'exerçait quand même. Les Etats de 1355 mirent définitivement ordre à cet abus, par une prescription énergique qui autorisait tous les citoyens à résister *par le fait* aux ravisseurs, à invoquer, au besoin, l'appui de leurs voisins, et à se réunir, comme ils l'entendraient, pour protéger leurs per-

Perception de la Gabelle.

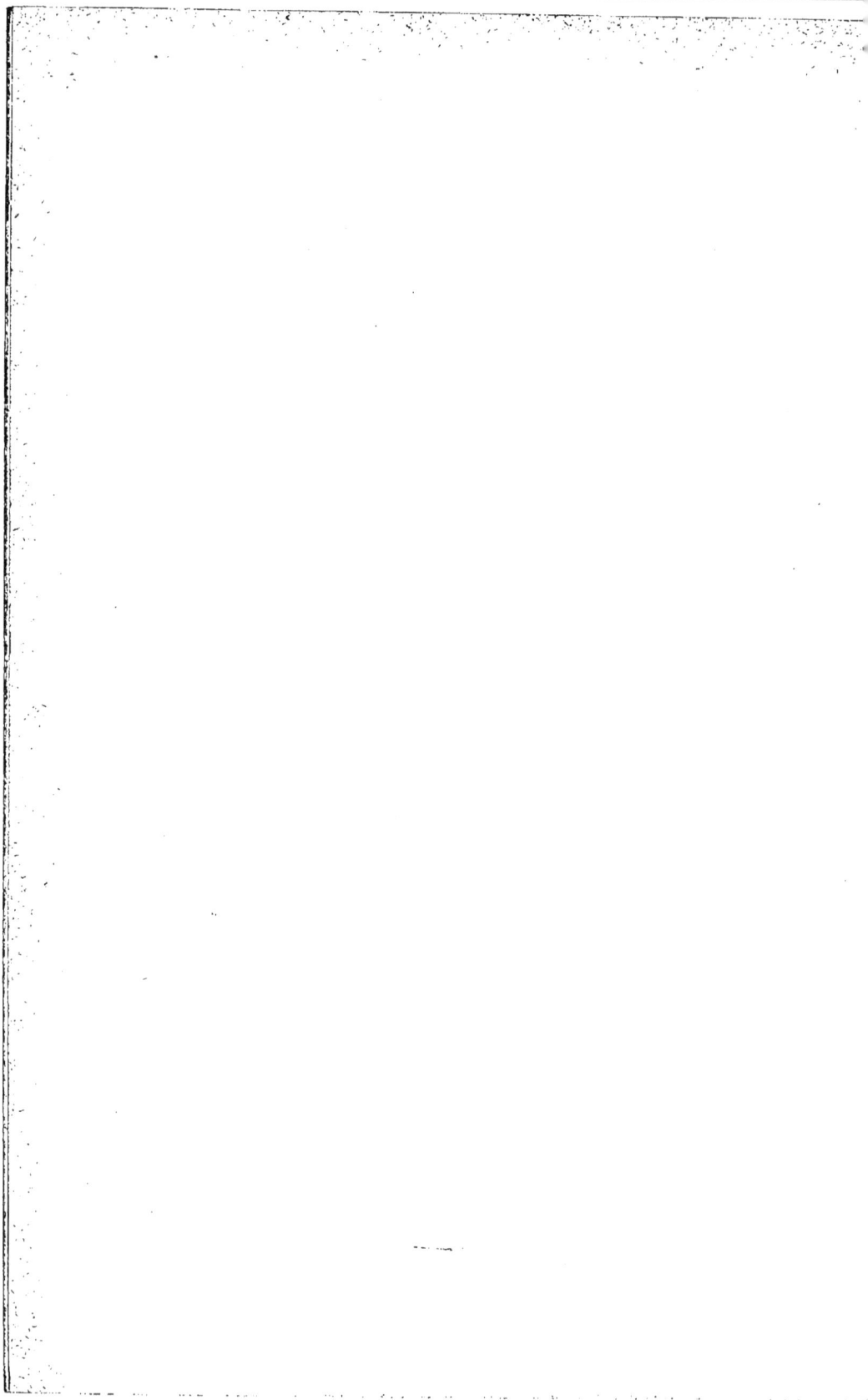

sonnes et leurs intérêts. C'était le droit à l'insurrection érigé en principe quatre siècles avant la déclaration des droits de l'homme et du citoyen. Et ce n'était pas un droit platonique qu'on créait ainsi, puisqu'on procédait en même temps à l'armement des intéressés !

Toute cette besogne prodigieuse fut abattue en moins d'un mois ! On voit bien que le papotage parlementaire, qui éternise les questions, embrouille les affaires les plus simples et assure la première place aux bavards, n'était pas encore né. On parlait moins, on agissait davantage.

Il fallait que le roi eût un besoin d'argent bien pressant ou qu'il craignît fort les États, pour passer sous ces fourches caudines. Il y passa pourtant, et signa sans difficulté la grande ordonnance du 28 décembre 1355, rédigée et promulguée en deux jours, qui sanctionnait et convertissait en lois toutes les décisions de l'Assemblée. En vertu de cet édit célèbre, qui semblait devoir être la Grande Charte de la France, le roi Jean, prenant en considération « la clameur de *son* peuple », renonçait au droit d'altérer les monnaies, interdisait à ses gens les réquisitions et les emprunts forcés, promettait de ne plus distraire les plaideurs de leurs juges naturels, et s'obligeait enfin par serment à consacrer la totalité de l'impôt au « fait de la guerre », sans en détourner un denier[2].

Malheureusement incomplètes et prématurées, ces immenses réformes ne purent aboutir. Les novateurs, animés sans doute des meilleures intentions, n'avaient pas compris que tous les abus se tiennent et s'enchaînent, et que, pour corriger un ordre social défectueux, les replâtrages et les améliorations ne peuvent suffire, puisqu'on laisse ainsi subsister la source intarissable du mal. Ils n'auraient eu, au surplus, ni le goût, ni l'audace d'entreprendre cette œuvre gigantesque. Ajoutons que les esprits n'y étaient pas préparés,

---

[1] Il y était bien forcé, au surplus, puisqu'il n'avait pas le maniement des fonds, laissés aux commissaires élus par les États.

et que, loin de trouver un auxiliaire dans la masse ignorante
et déshéritée, ils eussent trouvé plutôt en elle un obstacle,
sinon un ennemi, tant il est vrai que les révolutions ne peuvent passer dans les faits qu'à la condition d'être préalable-
ment accomplies dans les consciences !

L'Assemblée de 1355 avait commis une lourde faute. Les
deux impôts qu'elle avait votés, sur le sel et sur les ventes,
étaient, surtout le premier, extrêmement impopulaires, parce
que c'était, en définitive, sur les pauvres et sur le petit commerce déjà si obéré, qu'ils retombaient à peu près exclusivement. D'autre part, la noblesse se montrait indignée qu'on
eût osé empiéter sur ses prérogatives, et le clergé, qui, depuis des siècles, était dispensé de contribuer aux charges publiques, refusait de payer les subsides, menaçant — chose
épouvantable à cette époque — de suspendre tout service di-
vin jusqu'à ce qu'on eût fait droit à ses réclamations.

D'où une irritation à peu près générale, qui entraîna des
révoltes sanglantes dans plusieurs villes et notamment à
Arras, où les artisans chassèrent les percepteurs, massacrè-
rent vingt et un de leurs concitoyens qui voulaient les obli-
ger à payer l'impôt, et finalement restèrent maîtres absolus
de la ville pendant près d'un mois, jusqu'à l'arrivée d'Arnould
de Audeneham, envoyé par le roi, et qui ne manqua pas
d'exercer d'horribles représailles.

Effrayés de ces symptômes, les Etats crurent urgent, à leur
prochaine session, de changer l'assiette et la forme de l'impôt. Ils supprimèrent les deux impôts sur le sel et sur les
ventes, pour y substituer une taxe personnelle sur le revenu :
5 pour 100 sur les plus pauvres, qui avaient moins de 100 livres de rente ; 4 pour 100 sur ceux qui avaient 100 livres de
rente ; 2 pour 100 sur ceux qui avaient plus de 100 livres de
rente. Plus on avait, moins on payait. C'était l'impôt progres-
sif à l'envers et le remède ne valait pas mieux que le mal.

Cependant, en changeant de souffrance, les contribuables
se crurent un instant soulagés, et la perception du nouvel

impôt ne semble pas avoir rencontré de grandes difficultés, si ce n'est en Normandie.

Là, en effet, le roi de Navarre, qui avait déjà violemment combattu, au sein des Etats, l'établissement des nouvelles taxes, n'avait pas manqué d'exploiter le mécontentement général pour exciter les Normands à la révolte et à la résistance armée contre toute levée d'impôts. Cette nouvelle acheva d'enflammer la colère du roi Jean qui soupçonnait déjà son gendre, non sans raison peut-être, d'être l'allié secret des Anglais. Il disait, à en croire Froissart, qu'il ne voulait en France d'autre maître que lui-même et qu' « il n'aurait point de parfaite joie tant qu'ils fussent en vie ». Il attendit trois mois l'heure de la vengeance, mais un jour que son propre fils Charles, dauphin du Viennois et duc de Normandie, réunissait, dans un dîner donné à Rouen, le roi de Navarre avec le comte d'Harcourt et plusieurs autres seigneurs, il partit d'Orléans avec quelques cavaliers, chevaucha trente heures, et surprit les convives à table. Il arrêta lui-même Charles le Mauvais et fit trancher la tête sous ses yeux au comte d'Harcourt et à trois autres convives.

Cet attentat souleva l'indignation. Jean, qui avait d'abord conçu le dessein de faire un exemple terrible, en ordonnant le supplice de son gendre, recula devant l'attitude menaçante du peuple, que le malheur du jeune prince avait ému de sympathie et qui se disait que son seul crime, après tout, c'était d'avoir voulu alléger les impôts pesant sur le pauvre monde. Le roi se contenta donc de retenir Charles le Mauvais dans une étroite captivité au Châtelet d'abord, puis au château d'Arleux en Cambrésis et de lui prodiguer les persécutions les plus mesquines et les plus cruelles. Tantôt il lui envoyait des sicaires qui prétendaient avoir mission de le décapiter sur le champ, et lorsqu'il avait ainsi subi les transes de la mort, de nouveaux émissaires arrivaient, portant l'ordre de surseoir à l'exécution. Tantôt on faisait le simulacre de le coudre dans un sac et de le jeter à l'eau... (PERRENS.)

4

C'étaient là jeux de prince. Mais ils ne profitèrent pas à Jean *le Bon*. La captivité ne fit en effet que rendre plus intéressant encore un seigneur déjà si populaire. Quand le roi de France voulut confisquer les biens de son prisonnier, il rencontra partout la plus vive résistance. Ainsi, la ville d'Evreux tint six semaines, et plutôt encore que de se rendre, les habitants y mirent le feu. D'un bout à l'autre de la Normandie la guerre civile s'allumait sous les pas du roi, attisée par les Anglais qui, trouvant là leur bénéfice, aidaient par tous les moyens possibles la faction navarraise.

Jean était devant Breteuil, qui refusait, comme Evreux, de lui ouvrir ses portes, quand la nouvelle que le prince de Galles venait d'envahir encore une fois les provinces de l'Ouest le força de lever le siège et de courir au-devant de l'ennemi.

Il allait jouer et perdre la partie suprême.

Bourgeois et bourgeoise

CHAPITRE IV

Bataille de Poitiers. — Ses conséquences politiques et sociales.

Le prince de Galles n'avait eu garde de laisser passer l'occasion que lui fournissaient les discordes intestines de la France. Son intention était de se porter en Normandie, en passant par le Limousin, l'Auvergne, le Berry et le Maine, et de rejoindre son lieutenant le duc de Lancaster et les révoltés normands. Déjà, il avait commencé de mettre son projet à exécution, et il se trouvait aux portes de Bourges, dont il avait incendié les faubourgs, quand il apprit que le roi Jean, prévenu de son approche, venait d'arriver à Chartres, et faisait occuper tous les passages de la Loire.

N'osant pas se mesurer avec une armée qui ne s'élevait pas à moins de cinquante mille hommes, tandis qu'il en avait avec lui huit mille à peine, dont deux mille chevaliers seulement, le prince anglais songea à battre en retraite et à regagner par le Poitou ses quartiers de la Guyenne. Il n'était pas extrêmement rassuré sur l'issue de sa téméraire aventure, car il s'était engagé un peu à l'aveugle au cœur même du pays ennemi et croyait avoir sur ses talons une armée six fois au moins supérieure en nombre à la sienne.

Ce furent la prodigieuse étourderie du roi Jean et l'outrecuidante fanfaronnade de la cohue féodale que celui-ci traînait à sa suite qui le sauvèrent.

Les deux armées se rencontrèrent à l'improviste aux portes de Poitiers, les Français ayant, sans le savoir, dépassé les Anglais, qui, de leur côté, se croyaient poursuivis par eux. Les Anglais se trouvaient là dans une situation extrêmement fâcheuse, car ils n'avaient plus, pour opérer leur retraite, d'autre ressource que de faire une trouée. Un contre six et fantassins armés à la légère contre des cavaliers bardés de fer, ils n'y pouvaient raisonnablement songer. Il semblait qu'ils n'eussent plus qu'à vendre chèrement leur vie.

Telle était bien l'opinion des seigneurs français, qui, ne se faisant pas faute de rire à l'avance de la déconfiture de cette poignée d'Anglais, négligèrent les précautions commandées par la prudence la plus élémentaire. Quand on lit le récit de cette journée funeste, on se croirait transporté à ces heures qui datent d'hier, alors qu'il ne devait pas même manquer un bouton de guêtre à nos troupes prêtes à entrer en campagne, et que les vociférations pseudo-patriotiques des braillards hurlant : « A Berlin ! A Berlin ! » précédaient de si peu les capitulations honteuses et les sanglantes catastrophes !

Après avoir refusé d'accepter les propositions faites par deux cardinaux, au nom du prince de Galles, qui offrait de rendre les prisonniers et les villes conquises et de s'engager à ne plus guerroyer de sept ans contre la France, le roi Jean le laissa tranquillement s'établir et se fortifier sur le plateau de Maupertuis. C'était une colline escarpée, plantée de vignes et de buissons d'épines, et où l'on ne pouvait parvenir que par un sentier étroit qui laissait à peine le passage pour quatre hommes de front. Ce fut là, derrière les haies, que le prince de Galles disposa ses arbalétriers en tirailleurs. Derrière eux, les hommes d'armes, ayant mis pied à terre, sauf un corps de cavalerie de réserve, dissimulé derrière un pli de terrain, attendaient l'attaque.

Au lieu de bloquer étroitement l'armée anglaise et de la réduire par la famine, les chevaliers français essayèrent de prendre d'assaut cette redoute inexpugnable. Les voilà qui se lancent *à cheval* dans le sentier qui mène au plateau. Aussitôt, les arbalétriers, cachés dans les buissons, font pleuvoir sur eux une grêle de flèches : les chevaux s'effarouchent, se cabrent, se renversent sur leurs cavaliers, qui, cloués à terre par le poids de leurs lourdes armures, ne peuvent plus se relever et servent ainsi sans défense de cibles faciles aux traits de leurs ennemis. La panique se met dans cette immense armée et gagne les trois fils aînés du roi eux-mêmes qui abandonnent le champ de bataille, emmenant une escorte de huit cents lances. Le duc d'Orléans les suit.

Seule, *la bataille* (corps d'armée) commandée par le roi en personne tenait ferme. Malheureusement, Jean, en dépit de son incontestable courage — ne lui marchandons pas son unique qualité ! — était le plus piètre des capitaines. Le gros de cavalerie, que le prince de Galles avait placé en réserve, entra en ligne suivi par tout le reste des hommes d'armes qui venaient de remonter à cheval. Le roi de France, qui avait commencé par commettre l'impardonnable faute d'employer des cavaliers pour forcer une montagne, ne comprenant pas que des circonstances différentes exigeaient une autre tactique, s'empresse immédiatement, avec le même bon sens, de faire mettre pied à terre à ses hommes d'armes pour essuyer en plaine cette charge de cavalerie En quelques minutes les lignes françaises sont rompues en vingt endroits. C'est en vain que le roi Jean, son jeune fils Philippe, et les chevaliers de l'Etoile font des prodiges de valeur. Désormais, la bataille est perdue; tous ces chevaliers pimpants et rodomonts fuient en désordre vers Poitiers, qui ferme ses portes. « Aussi, dit
» le chroniqueur, y eut-il sur la chaussée et devant la porte
» si grand'horribleté de gens occire, navrer et abattre, que
» merveille seroit à penser; se rendoient les François de si
» loin qu'ils pouvoient voir un Anglois. »

Cependant, fidèle au serment qu'il avait fait de ne jamais reculer, le roi Jean « faisoit de sa main merveilles d'armes,
» et tenoit la hache dont trop bien se défendoit et combat-

» toit. » Mais la presse grossissait autour de lui, car il était reconnu, et tous ambitionnaient cette riche proie. Enfin, il fallut se rendre. « Là avoit un chevalier de la nation de Saint-
» Omer qu'on appeloit Denys de Morbecque. Si ce avance en
» la presse, et à la force des bras et du corps, car il étoit
» grand et fort, et dit au roy, en bon françois, où le roy
» s'arrêta plus que aux autres : *Sire, sire, rendez-vous !* Le
» roy qui se vit en un dur parti, et aussi que la défense ne
» lui valoit rien, demanda en regardant le chevalier : « *A qui*
» *me rendrois-je ? à qui ? Où est mon cousin le prince de*
» *Galles ? Si je le véois, je parlerois. — Sire,* répondit mes-
» sire Denys, *il n'est pas cy, mais rendez-vous à moy je*
» *vous méneroi devant luy. — Qui êtes-vous ? dit le roy.*
» *— Sire, je suis Denys de Morbecque, un chevalier d'Ar-*
» *tois, mais je sers le roy d'Angleterre, pour ce que je ne*
» *puis au royaume de France demeurer* [1], *et que j'y ai forfait*
» *tout le mien. — A donques,* répondit le roy de France,
» *et je me rends à vous.* — Et lui bailla son dextre gant. Le
» chevalier le prit, qui en eut grant joie. La eut grant presse
» et grand tireis autour le Roy : car chacuns s'efforçoit de
» dire : *Je l'ai prins, je l'ai prins* ! Et ne pouvoit le Roy
» aller avant, ni messire Philippe son maisné fils [2]. »

Le roi n'était pas seul aux mains des ennemis. Ceux-ci avaient fait plus de prisonniers qu'ils n'étaient d'hommes pour les garder. Aussi les renvoyèrent-ils pour la plupart sur parole avec promesse de venir à Bordeaux aux fêtes de Noël, afin d'y payer leur rançon, ou, à défaut, se constituer prisonniers.

Quant au roi, c'était un trop précieux otage pour que le vainqueur s'en dessaisît aussi facilement. Il affecta seulement de conserver à son égard l'attitude d'un vassal, et de le traiter en roi, ce qui rehaussait d'autant sa capture. Ainsi le soir

---

[1] Denys de Morbecque, ayant commis un meurtre en France, avait été obligé de s'exiler.

[2] FROISSART.

même de la bataille il servit lui-même à table son royal prisonnier, et quand il fit son entrée à Londres, il le suivit monté
sur une petite haquenée noire, tandis que Jean montait un
magnifique cheval blanc, signe de suzeraineté.

L'émotion fut grande et douloureuse en France, quand on
apprit ce désastre. Ce fut quelque chose dont les hommes de
cette génération peuvent se faire une idée en se rappelant la
nouvelle de la défaite de Sedan. Là, comme en 1870, le souverain était pris, l'armée détruite, la route de Paris ouverte
à l'ennemi....

Ce n'était pas que le peuple s'apitoyât sur le sort des trois
mille seigneurs restés sur le champ de bataille : au contraire.
Cela, comme dit énergiquement M. Perrens, ne permettait-il
pas à leurs misérables vassaux de respirer un peu? Mais le
pauvre peuple sentait que les calamités de l'invasion allaient
recommencer pour lui ; il sentait aussi que, comme toujours,
tout le poids de la guerre allait peser sur lui, et que ce serait
lui qui en supporterait les charges écrasantes et nouvelles.
Qui paierait les rançons de toute cette foule de chevaliers
relâchés par les Anglais sur parole? qui, sinon les paysans et
les petites gens ? L'honneur de messires les gentilshommes
était en jeu : aux manants d'acquitter cette dette sacrée!
C'était dans l'ordre !

Puis, à toutes ces considérations qui surexcitaient jusqu'au
paroxysme la douleur patriotique des classes roturières,
venaient se mêler deux sentiments plus redoutables, l'indignation et le mépris. On ne pardonnait pas à cette puissante
armée d'avoir fui lâchement devant une poignée d'hommes.
« Ceux des gentilshommes qui, revenant de la bataille, pas-
» saient par les villes et par les bourgs, étaient poursuivis de
» malédictions et d'injures [1]. »

On consentait bien encore, par la force de l'habitude, à
eur donner l'argent dont ils avaient besoin pour racheter

[1] Augustin Thierry.

leur liberté, mais on ne le donnait plus qu'en murmurant, en grinçant des dents, en serrant les poings. Un vent de révolte s'élevait sur la foule asservie. D'aucuns disaient que les seigneurs dépensaient pour leurs plaisirs l'argent qu'on se saignait aux quatre membres pour leur donner afin de payer leurs rançons... Même, on allait jusqu'à les accuser non pas seulement de couardise, mais encore de trahison, ce qui est la consolation ordinaire des vaincus après la défaite.

« Une complainte du temps nous révèle, à ce propos, un
» fait ignoré, et qui montre que, dans tous les cas, les nobles
» avaient moins souci de la gloire de nos armes que des
» profits de la guerre. Outre qu'au milieu de la misère
» publique, ils affichaient un luxe insolent, chacun d'eux
» s'assurait une double et triple solde, en faisant passer ses
» valets et ses pages pour autant d'hommes d'armes. Valets
» et pages montaient tour à tour les mêmes chevaux comme
» dans une pompe de théâtre, et donnaient ainsi le
» change aux maréchaux chargés de les compter et de les
» payer. Cette supercherie n'avait pas seulement pour effet
» de vider les caisses publiques, elle trompait encore le roi
» sur ses forces réelles, et lui faisait prendre des goujats
» sans instruction militaire ni bravoure pour des soldats
» exercés[1]. »

A dater de la défaite de Poitiers, le prestige de la noblesse

---

PERRENS, *Etienne Marcel*, p. 76.
Voici quelques passages de cette curieuse complainte:

La très-grant traïson qu'ils ont lonc-temps covée
Fut en l'ost dessus dit très-clerement provée.
. . . .
Quant euls auls mareschaux pour passer se montroient,
Garçons armez chevaulz l'un de l'aultre empruntoient ;
Leurs soillars et leurs pages pour gens d'armes comptoient,
Ainsy un seul pour quatre du roy gages prenoient.
. . . .
Bombanz et vaine gloire, vesture deshonneste,
Les ceintures dorées, la plume sur la teste,
La grant barbe de bouc qui est une orde beste,
Les vous font estordiz comme fouldre et tempeste,
Etc., etc.

est perdu. Jusque-là, en effet, le peuple lui avait reconnu
une certaine supériorité, celle du courage et de la science militaire. Mais quand on s'aperçut que non seulement les seigneurs ne connaissaient pas le seul métier qu'ils condescen-
dissent à exercer, mais qu'ils ne savaient même pas sauver

Le Paris d'Étienne Marcel.

leur honneur, on cessa à la fois de les respecter et de les
craindre. En définitive, les manants n'avaient consenti à aliéner leur liberté qu'à la condition d'être, en revanche, protégés
par les seigneurs. Du moment que les seigneurs étaient impuissants à leur fournir ces garanties, les serfs, retrouvant la
conscience de leur propre valeur, songèrent à résister et à
recouvrer leur indépendance.

En attendant, il fallait parer au plus pressé, c'est-à-dire
s'apprêter à repousser l'ennemi. La population parisienne,
sans se préoccuper si elle serait ou non secondée par le reste

de la France, ne faillit point à ce devoir. Sous la vigoureuse impulsion d'Etienne Marcel, prévôt des marchands, et du corps municipal, le peuple se mit, conformément à l'ordonnance de 1355, à s'exercer au maniement des armes. tandis que trois cents terrassiers et maçons, sans compter les hommes de bonne volonté, travaillaient nuit et jour à fortifier Paris, à garnir ses murailles de balistes et de canons et à tendre des chaînes en travers de ses rues.

La ville se composait alors de l'île de la Cité (où est Notre-Dame) et de deux autres quartiers, l'un sur la rive gauche, où était l'Université et l'autre sur la rive droite, où était le Temple et le Louvre. Sur la rive gauche, on n'eut guère qu'à réparer la vieille enceinte bâtie sous Philippe-Auguste. Mais sur la rive droite, où les Parisiens se portaient de préférence, il fallut élever des fortifications nouvelles. Etienne Marcel dut ordonner qu'on construisît une muraille flanquée de tours. Cette muraille partait de la porte Barbette, sur le quai aux Ormes [1], passait par l'Arsenal, les rues Saint-Antoine, du Temple, Saint-Martin, Saint-Denis, Montmartre, la place des Victoires, l'hôtel de Toulouse (la Banque actuelle), le jardin du Palais-Royal. la rue Richelieu, et arrivait à la porte Saint-Honoré, par la rue de ce nom, et jusqu'au bord de la Seine. On fortifia même les îles, afin d'en faire, en cas de besoin, une citadelle et un refuge. On fixa sur les remparts sept cent cinquante guérites de bois, on barricada la Seine, etc. Ces travaux, poussés avec une activité extrême, et dont tout l'honneur revient à Etienne Marcel, coûtèrent cent quatre-vingt-deux mille cinq cent vingt livres parisis, qui font huit cent mille francs de notre monnaie, somme énorme pour l'époque. Mais rien ne coûtait à l'ardent patriotisme des Parisiens !

Pendant qu'Etienne Marcel procédait ainsi à ces belliqueux préparatifs, le Dauphin, duc de Normandie, rentrait en toute

---

[1] Sur l'emplacement où est aujourd'hui le marché de l'Ave Maria.

hâte à Paris. On ne pouvait faire grand cas de lui. Il n'avait que dix-neuf ans : faible, chétif, paralysé d'une main, il était encore suspect de poltronnerie, défaut impardonnable en France. Sa fuite honteuse à Poitiers, en confirmant ce soupçon, avait achevé de lui aliéner les esprits.

Il comprit lui-même son impuissance, et au lieu d'attendre le 30 novembre (fête de Saint-André) qui était la date fixée pour la prochaine session des Etats-Généraux, il hâta de quinze jours leur réunion.

Le conflit entre la royauté et la bourgeoisie allait sérieusement commencer.

Arbalétrier.

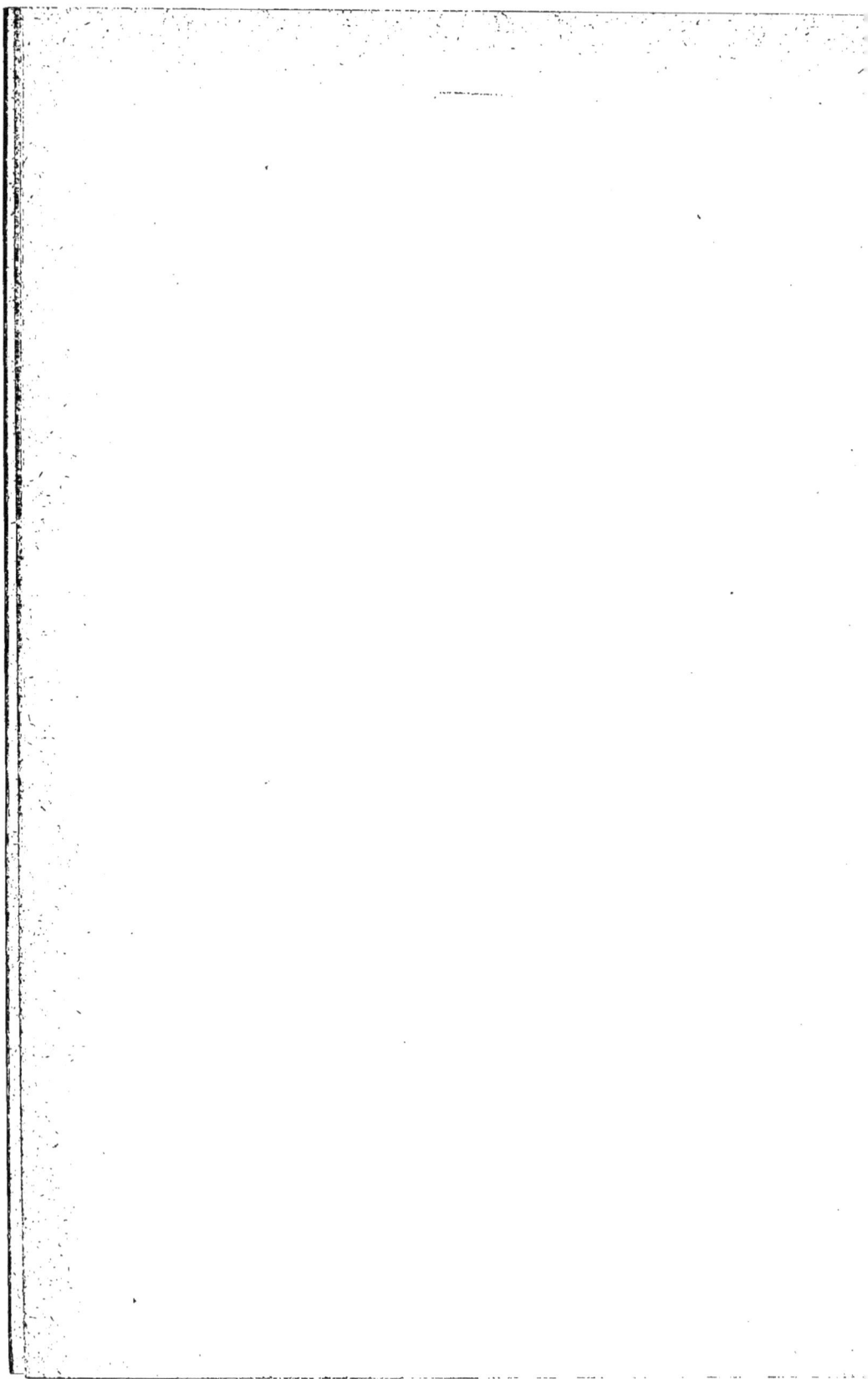

CHAPITRE V

Etienne Marcel, prévôt des marchands.

Le moment est venu de dire ce qu'était cet Etienne Marcel, qui, après avoir été l'âme des Etats-Généraux de 1355, allait être également l'âme des assemblées suivantes et le génie vivant de la Révolution parisienne. Nous dirons en même temps en quoi consistait l'importante fonction de prévôt des marchands dont il était revêtu et qui lui assurait une si haute influence.

Etienne Marcel était issu d'une vieille famille parisienne, qui occupait une place considérable dans la corporation des drapiers, l'une des plus puissantes parmi les confréries groupées autour des marchands de l'eau. Déjà plusieurs de ses aïeux, sans avoir laissé derrière eux des traces si profondes de leur passage aux affaires publiques, avaient cependant joué un certain rôle dans l'administration municipale. Ainsi, son grand-père Jacques Marcel, mort en 1320, marié à Jeanne Cocatrix, dont la famille avait également assez de notoriété pour donner son nom à une rue de la Cité, avait figuré au nombre des échevins de Paris. Lorsqu'il s'était agi de répartir l'impôt voté par les Etats de 1302, Pierre Marcel, représentant des drapiers et probablement oncle d'Etienne, avait été choisi comme adjoint du prévôt des marchands. En 1313, le nom du même Pierre Marcel reparaît encore parmi les

noms des quatre électeurs, nommés par les corps de métiers
pour désigner les prud'hommes répartiteurs des tailles.
Garnier Marcel, enfin, père de notre héros, avait, à son tour,
rempli une charge analogue. A cette époque où l'hérédité
était encore dans les mœurs, les fonctions et les emplois se
transmettaient la plupart du temps de père en fils. Aussi n'est-
il pas étonnant de trouver un nouveau membre de cette dynastie municipale, Etienne Marcel, à la tête de la magistrature
parisienne. Il ne paraît pas cependant qu'aucun des ancêtres
de Marcel ait été revêtu, avant lui, de la dignité suprême de
prévôt des marchands.

Etienne Marcel était un homme d'une intelligence hors
ligne, et d'une remarquable éloquence. On verra, d'ailleurs,
au cours de cette étude, que ses qualités administratives et
organisatrices ne le cédaient en rien à son courage et son
énergie. Les portraits que nous avons de lui, dans un précieux exemplaire des *Grandes Chroniques* qui a appartenu
au roi Charles V, ont beau être dus au crayon de ses ennemis, on peut lire néanmoins, sur ces traits accentués et sévères, ce qu'a été cet homme, l'une des plus prodigieuses
figures de notre histoire nationale.

Sa vie privée nous est peu connue. On sait seulement qu'il
était très riche, et que ses biens consistaient en maisons dans
la ville de Ferrières-en-Brie, et, sur le territoire de cette
ville, en terres et bois, dont un seul, le bois de Nuilly, ne
mesurait pas moins de cent cinquante arpents. Il faut y
ajouter un hôtel, rue de la Vieille-Draperie, où il habitait.
Cette immense fortune ne l'empêcha pas de se consacrer tout
entier à la cause populaire !

Il avait épousé une demoiselle noble, Marie des Essarts,
dont il avait eu six enfants. Quant à ses trois frères, un seul,
Gilles Marcel, s'attacha à sa fortune politique et fut enveloppé
dans sa ruine. Gilles était clerc de la marchandise, comme
qui dirait le lieutenant, le secrétaire du prévôt des marchands.

Qu'était-ce donc que le prévôt des marchands?

Il n'y a pas eu, dans tout le Moyen-Age, une magistrature qui exerçât une autorité plus réelle et moins contestée. Elle vaut donc la peine qu'on s'y arrête.

Le prévôt des marchands, qu'il ne faut pas confondre avec le prévôt royal, simple officier de police chargé de rendre la justice au nom du souverain, était le chef de la confrérie des marchands de l'eau, dont nous avons parlé plus haut. C'était lui qui, assisté de quatre échevins, de deux clercs, de vingt-quatre prud'hommes et d'un grand nombre de sergents et d'officiers subalternes nommés par lui, administrait les intérêts communs des marchands de l'eau et des autres corporations, et, par suite, les intérêts de la ville elle-même.

Le prévôt des marchands avait aussi des attributions judiciaires très étendues, car c'est lui qui présidait le tribunal spécial appelé *Parloir aux Bourgeois*. Tel est le nom qu'on donne à la municipalité parisienne considérée comme juridiction commerciale. Nous savons déjà que les marchands de l'eau ayant obtenu de connaître de toutes les contestations relatives aux transports par voie de Seine[1], ce droit avait fini par s'étendre à tous les litiges commerciaux, quels qu'ils fussent, et même à toutes les affaires relevant des coutumes et des usages de Paris. Ainsi le *Parloir aux Bourgeois* était le dépositaire des vieilles traditions, et ses décisions ont pu, à bon droit, être considérées comme la source de la coutume de Paris.

Ce qu'il y a de curieux, c'est que ce tribunal municipal et corporatif se prononçait souvent par voie d'arbitrage et d'*amiables compositions*, c'est-à-dire que les parties le choisissaient pour trancher un différend par un compromis ou une transaction, sans qu'il y eût, à proprement parler, action judiciaire. C'était alors une procédure analogue à la procédure de *conciliation*, encore conservée de nos jours par nos

[1] Ils avaient le monopole de la navigation depuis Auxerre jusqu'à **Mantes**

juges de paix. D'autres fois, le *Parloir aux Bourgeois* prenait des décisions ayant véritablement le caractère de jugements. Nous connaissons, par exemple, un grand nombre de sentences prononçant la confiscation des marchandises et des bateaux amenés en fraude dans les ports de Paris par des négociants non *hansés*, c'est-à-dire non affiliés à la *hanse* (corporation) des marchands de l'eau[1].

Notons, en passant, que sur les confiscations ainsi ordonnées, la moitié devait être attribuée au trésor royal. Il n'y a donc pas lieu de s'étonner si la monarchie a accordé si facilement tous ces privilèges à la bourgeoisie parisienne.

En sa qualité de président du *Parloir aux Bourgeois* et de juge commercial, le prévôt des marchands exerçait la police du halage de la Seine; il imposait ses règlements aux riverains, et avait même la faculté d'exproprier, pour cause d'utilité publique, les constructions qu'il jugeait de nature à gêner le passage des bateaux. C'était encore lui qui, faisant office de notaire, enregistrait les contrats et leur donnait l'authenticité. Il nommait aussi les divers fonctionnaires municipaux, les sergents, les greffiers, les mesureurs de denrées, les crieurs publics, les porteurs[2], etc. Il avait, en outre, à s'occuper des fortifications, des fontaines, des distributions d'eau, de la perception des octrois, du pavage, des hôpitaux

---

[1] Le siège des séances du *Parloir aux Bourgeois* fut situé d'abord au pied du Châtelet, sous une arche même du Nouveau Pont (Pont-au-Change). On le transporta ensuite rue des Grès (rue Cujas) près du couvent des Jacobins. Des fouilles récentes, lors de l'élargissement de la rue Soufflot, ont mis à jour, au coin de la rue Saint-Jacques, des ruines assez bien conservées de l'édifice qui servait à cet usage. Plus tard, enfin, en 1357, Étienne Marcel ayant acheté, pour le compte de la municipalité, au prix de 2,880 livres, une maison sise place de Grève et connue depuis sous le nom de Maison-aux-Piliers, le *Parloir aux Bourgeois* s'y transporta, sans abandonner pour cela son tribunal de la rue des Grès. Telle est l'origine de l'Hôtel-de-Ville.

[2] Chaque branche de commerce avait sa catégorie de porteurs, pourvue d'une organisation particulière. La plus importante était celle des porteurs de sel ou *henouards*, qui formaient une corporation de 24 membres et avaient le singulier privilège de porter, moyennant salaire, le corps des rois de France jusqu'à la basilique de Saint-Denis. (ROBIQUET, *Histoire municipale de Paris*, p. 41.)

La Maison-aux-Piliers. — Parloir aux Bourgeois.

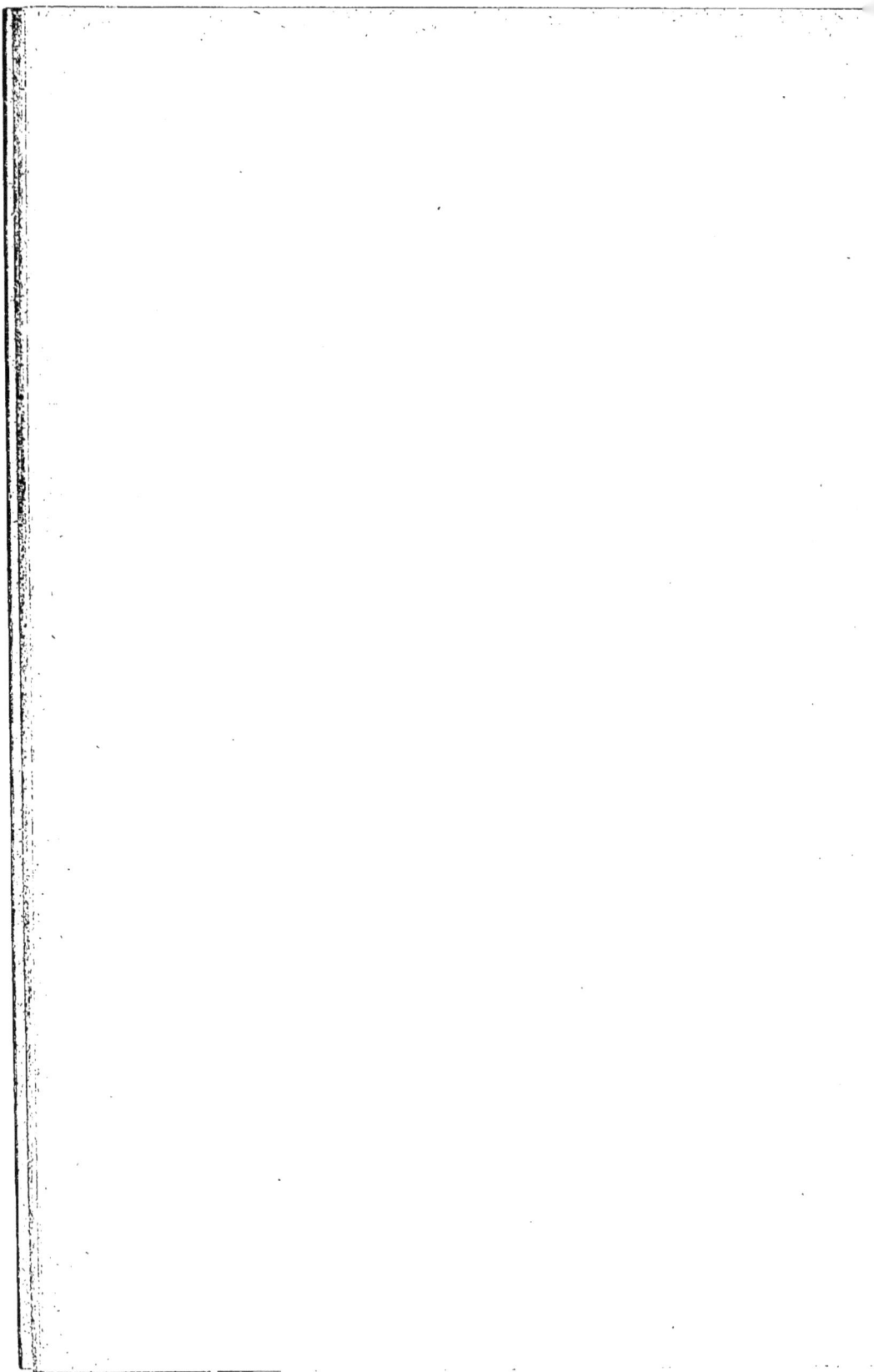

et établissements de bienfaisance, de la surveillance de la mendicité, etc., etc.

Toutes ces attributions multiples ne laissaient pas que de constituer une force considérable entre les mains de celui qui en était investi. En fait, le prévôt des marchands, auquel nos maires actuels ne sont pas, même de très loin, comparables, était le maître à peu près absolu de la ville de Paris. C'est ce qui explique avec quelle facilité Etienne Marcel put, pendant deux ans, exercer une véritable dictature. Outre que ces façons césariennes étaient dans les mœurs, elles étaient également au diapason de l'emploi.

Comment le prévôt des marchands était-il nommé ? On ne le sait pas au juste. Quelques personnes prétendent qu'il n'était pas élu au suffrage universel des citoyens de la ville, s'appuyant, pour établir le bien fondé de cette hypothèse, sur ce fait que beaucoup de prévôts des marchands ont été absolument impopulaires. Mais cela ne prouve absolument rien. Peu importe que le tyran ait été imposé ou volontairement accepté. La tyrannie n'en existe pas moins avec son caractère odieux.

L'origine d'un pouvoir est indifférente à ses actes ultérieurs, de même que la consécration du vote populaire, n'enlevant et n'ajoutant rien à la valeur réelle de l'élu, à cela près qu'elle le rend plus puissant, et, par conséquent, plus dangereux, n'est pas une garantie contre les malversations ni les abus. L'histoire fourmille, au contraire, de témoignages indéniables, attestant que nombre de personnages de marque ont, à toutes les époques, trompé l'espoir et la confiance de leurs concitoyens, et se sont attiré de la sorte une impopularité méritée.

Il semble probable, tout au contraire, que le prévôt des marchands était élu, sinon au suffrage universel, au moins au suffrage des notables. Ce qui nous autorise à le croire, c'est que, après la mort d'Etienne Marcel, raconte le continuateur de Nangis, le régent permit aux Parisiens de lui *élire* un successeur. Si telle n'avait pas été auparavant la coutume en vigueur, le régent n'aurait pas, à ce qu'il semble, choisi cette epoque d'impitoyables représailles, pour octroyer au peuple une aussi considérable faveur...

Nous venons de voir que la fonction de prévôt des marchands était loin d'être une sinécure. Mais c'était en même temps une mission délicate et périlleuse à certaines heures. Obligé de ménager la royauté, qui était encore une puissance trop formidable et trop coutumière d'arbitraire pour qu'on pût brusquement rompre en visière avec elle, obligé, d'autre part, de donner satisfaction aux vœux du peuple dont il était le représentant naturel et dont les colères n'étaient pas non plus à dédaigner, le prévôt des marchands était sans cesse entre l'enclume et le marteau. On en cite quelques-uns qui ont payé très cher la violation du mandat tacite que leur conférait la foule. Ainsi, Etienne Barbette, ayant trempé dans les altérations de monnaies commises par le roi Philippe le Bel, et ayant essayé de faire retomber sur le peuple les conséquences désastreuses de ces sophistications intéressées, les gens des métiers en tirèrent une éclatante vengeance en allant piller la demeure du riche fonctionnaire détesté. Elle était située en dehors des murs, entre la porte Saint-Antoine et la porte du Temple (dans le Marais actuel [1]) et comprenait de vastes jardins et des celliers bien garnis. Arbres, bâtiments, tout fut incendié, abattu, ruiné, détruit de fond en comble. Puis, les émeutiers se portèrent à la maison que le prévôt habitait au cœur même de la ville, rue Saint-Martin, et la mirent également au pillage. Le roi lui-même fut menacé et contraint d'aller chercher un refuge dans la citadelle du Temple, d'où il put voir le peuple irrité insulter ses officiers de bouche et jeter au ruisseau les provisions destinées à sa table. Il est vrai que l'émeute fut bientôt écrasée, et que

---

[1] La maison à tourelle qu'on voit encore au coin de la rue Vieille-du-Temple en est le dernier débris.

vingt-huit personnes, parmi lesquelles un maître de chaque corps de métier, payèrent de leur vie ce dîner royal souillé de boue. Mais il n'en est pas moins vrai que ces soulèvements populaires étaient redoutables, et qu'il n'était pas alors aussi commode qu'aujourd'hui aux mandataires du peuple de trahir leur mission.

C'était l'époque des abus de pouvoir et du despotisme sans frein ni limite. Mais c'était aussi l'époque des grandes responsabilités, qui, pour être rares, n'en étaient pas moins terribles Ainsi, vers 1320, un prévôt de Paris [2], nommé Henri Caperel, ayant fait pendre un innocent pauvre à la place d'un riche convaincu d'homicide, qui lui avait sans doute graissé la patte, on fit une enquête, à la suite de quoi le juge prévaricateur fut lui-même pendu haut et court au gibet de Montfaucon... Il ne faisait pas bon au XIVe siècle, comme on le voit, commettre des erreurs judiciaires !

Quoi qu'il en soit, le prévôt des marchands, le premier des magistrats de la cité, semblait désigné d'avance pour représenter les intérêts populaires et tenir tête à l'autorité royale. L'indignation patriotique le transforme même, à l'époque où nous en sommes arrivés, en adversaire déclaré de la noblesse et de la monarchie. Rien d'étonnant dès lors à ce que ce soit Etienne Marcel, investi, en 1355, de cette charge importante, où tant d'autres étaient restés obscurs et à laquelle il allait donner, par ses talents et son énergie, un éclat inaccoutumé, qui joue dans les assemblées bourgeoises le rôle le plus considérable [2].

---

[1] Il s'agit ici du prévôt royal et non plus du prévôt des marchands.

[2] La prévôté des marchands, qu'on voit apparaître pour la première fois dans un document qui date du mois d'avril 1263, sous le règne de Louis IX, devait durer six siècles. — Le dernier prévôt des marchands fut Flesselles, mis à mort par les insurgés, le 14 juillet 1789, jour de la prise de la Bastille, en expiation d'une trahison infâme. « Il tombe, dit M. Robiquet dans » sa remarquable *Histoire municipale de Paris*, non pas comme un tribun » populaire qu'écrase une tyrannie impitoyable, mais comme un fonction- » naire détesté qu'immole un peuple révolté et altéré de vengeance. C'est » à plus de quatre cents ans d'intervalle, une sorte de contre-partie sanglante » de la mort d'Etienne Marcel... »

Cavalier du guet.

CHAPITRE VI

Etats-Généraux de 1356.

Ce fut le 17 octobre 1356, un mois après la bataille de Poitiers, que les Etats-Généraux de la langue d'Oïl se réunirent à Paris. Les circonstances étaient trop graves pour que les députés ne répondissent pas à la convocation du Dauphin. Aussi, vinrent-ils au nombre de plus de huit cents, dont la moitié au moins étaient des bourgeois des « bonnes villes ».

On remarquait, parmi ces derniers, en outre d'Etienne Marcel, l'éloquent Charles Toussac, échevin de Paris, et Robert de Corbie, député d'Amiens, professeur illustre de l'Université.

Les seigneurs, pour la plupart des fuyards de Poitiers, ou des jeunes gens que leur âge avait tenus loin du champ de bataille, ne pouvaient espérer prendre la prépondérance. Beaucoup même s'étaient fait représenter par des mandataires. Quant au clergé, ses principaux meneurs, comme Jean de Craon, archevêque de Reims, et Robert Lecoq, évêque de Laon, semblaient acquis à la cause du Tiers-Etat. C'était donc à cet ordre que devait appartenir toute l'influence, surtout aux députés de Paris. On ne tarda pas à s'en apercevoir.

Ce qu'il y a de remarquable, c'est que, parmi les hommes qui allaient ainsi reprendre l'œuvre réformatrice ébauchée en 1355 et la poursuivre avec une verve toute révolutionnaire, les principaux semblaient plutôt devoir en redouter qu'en désirer les conséquences. Etienne Marcel était très riche, comme nous l'avons vu ; il avait tout à perdre à un bouleversement social. Il faut en dire autant de son échevin, Charles Toussac. Cependant aucune considération n'empêcha ces hommes courageux et dévoués de risquer leur fortune et leur vie pour l'affranchissement du peuple, et ils trouvèrent un auxiliaire aussi puissant qu'inattendu dans Robert Lecoq, que sa situation de prélat bénéficiaire et de conseiller royal devait intéresser encore davantage au maintien du *statu quo!*

Il semble que ce soit en vertu d'une loi fatale que l'initiative des révolutions soit prise ainsi par des transfuges des classes contre lesquelles les révolutions sont faites. Nous reverrons ce fait curieux se reproduire à la fin du XVIIIᵉ siècle, avec le comte de Mirabeau et surtout avec le baron prussien Anacharsis Cloots. Enfin, de nos jours encore, ces grands seigneurs russes qui, abandonnant toutes les jouissances de la richesse et du luxe, se font simples ouvriers manuels afin d'inculquer plus facilement aux masses déshéritées les principes socialistes, et meurent enfin pour leur cause avec un courage au-dessus de tout éloge, nous en offrent de nouveau un plus éclatant exemple....

La première séance fut ouverte, comme il était d'usage, par un discours du chancelier Pierre de Laforest, qui, après avoir déploré la prise du roi et loué la bravoure qu'il avait déployée dans l'action, termina par une demande de subsides nouveaux, « au nom de Monseigneur le duc de Normandie ». Celui-ci, du reste, était présent. Jean de Craon, pour le clergé, Philippe d'Orléans, frère du roi pour la noblesse, Etienne Marcel pour la bourgeoisie, répliquèrent en demandant au duc ﹅ autorisation de se réunir au couvent des Cor-

deliers [1] pour délibérer. Cela leur fut accordé sans peine.
En cas de refus, d'ailleurs, ils n'eussent pas manqué de
passer outre.

Les Etats se réunirent donc sous ces voûtes sonores
des Cordeliers, rue de l'Ecole de Médecine, qui avaient
déjà retenti des grandes disputes scolastiques du Moyen-
Age, et qui étaient destinées à entendre encore, quatre
siècles plus tard, en 1792, les éclats de la voix terrible
d'un autre tribun du peuple, de Danton, l'Etienne Marcel
du xviiie siècle.

Reconnaissant tout d'abord l'inconvénient qui consiste à
être en grand nombre quand on veut faire de la bonne besogne, les Etats commencèrent par concentrer leur action dans
un comité de quatre-vingts membres pour prendre connaissance de la situation et élaborer les mesures à soumettre à
l'assemblée générale. Symptôme caractéristique, les gens
du duc en furent écartés et on ne voit pas qu'aucun noble y
ait exercé quelque influence.

D'autre part le comité d'initiative refusa de délibérer en
présence des délégués du Dauphin, qui durent en passer par
là et se retirer.

Les travaux de la commission furent poussés avec tant
d'activité qu'ils étaient clos au bout de quinze jours. Les
Assemblées particulières des Trois Ordres en ayant approuvé
le résultat, on le communiqua au duc de Normandie dans
une réunion secrète.

Voici à quelles conclusions avaient abouti les délibérations
des commissaires, approuvées depuis par l'Assemblée générale.

Les Etats consentaient à fournir au duc de Normandie les
subsides nécessaires pour entretenir pendant une année une
armée de trente mille hommes à raison d'un demi-florin
d'écu par homme et par jour. Ces subsides devaient être

---

[1] Il sert aujourd'hui de musée de chirurgie et d'amphithéâtre de dissection.

couverts au moyen d'une taxe de 15 pour 100 sur les revenus, applicable à tout le monde, aux nobles comme aux roturiers, au clergé même et aux hospices.

Mais, comme le souvenir était encore dans toutes les mémoires des difficultés et des troubles qu'avait soulevés la perception du précédent subside, les représentants des trois ordres parurent ne pas se reconnaître le droit d'engager leurs commettants, et ils ajoutaient : « Au cas que lesdites aides » plairaient aux gens des trois États, par lesquels ils avaient » été envoyés [1]. »

Les députés ne se croyaient donc pas encore omnipotents ni infaillibles, puisqu'ils soumettaient spontanément leurs décisions à la sanction préjudicielle du peuple souverain supposée par eux supérieure à toute loi [2].

Ils mettaient, d'ailleurs, au vote des subsides, en ce qui les concernait, certaines autres conditions que le Dauphin devait accepter. Ces conditions renfermaient en substance comme un essai anticipé des grandes réformes qui sont encore aujourd'hui à l'ordre du jour.

Ainsi les États devaient être déclarés souverains en tout ce qui regardait l'administration et les finances. Cette mesure de défiance contre le gouvernement central était suffisamment justifiée par les malversations, les concussions et les monstrueuses prodigalités constatées par la commission d'enquête. N'avait-on pas trouvé, par exemple, que le roi Jean, au plus fort de la détresse publique, avait fait un don de cinquante mille écus à un seul de ses chevaliers ?

Ce n'était pas assez de parer, par des mesures préventives, aux prévarications de l'avenir. Il fallait encore faire justice des prévarications du passé. Il fallait punir les coupables. On était encore, à cette époque, trop imbu du fétichisme

---

[1] PERRENS, *Étienne Marcel*, p. 95.

[2] Il fut même convenu, sur la proposition de Robert Lecoq, que chaque député prendrait copie des résolutions arrêtées, afin de les faire connaître à ses électeurs et d'obtenir leur avis.

monarchique, pour oser faire remonter jusqu'à la couronne la responsabilité des abus : quatre longs siècles allaient être nécessaires pour enhardir le peuple jusqu'à porter la main sur la personne royale, sur l'oint du Seigneur... On se borna donc à accuser ses conseillers et ses ministres... Le Dauphin fut sommé de destituer sur l'heure un certain nombre des officiers qui, après avoir joui de la confiance du roi son père, jouissaient encore de la sienne, et de permettre qu'ils fussent mis en accusation devant un tribunal extraordinaire composé de juges choisis par les Etats. Les Etats eux-mêmes se chargeaient de fournir les griefs et de dresser le réquisitoire.

Sept fonctionnaires furent nominativement désignés à la vindicte publique, comme ceux dont la culpabilité était la plus évidente, la plus scandaleuse et la plus redoutable dans ses conséquences. C'étaient Pierre de Laforest, chancelier de France, le plus haut fonctionnaire du royaume; Simon de Buci, premier président du Parlement ; Robert de Lorris, grand chambellan ; Nicolas Braque, maître de l'hôtel du roi, ancien trésorier et maître des comptes ; Enguerrand du Petit-Cellier, bourgeois de Paris et trésorier de France ; Jean Chauveau, trésorier des guerres ; Jean Poillevilain, bourgeois de Paris, maître des comptes et principal complice des falsifications des monnaies. — On demandait que, provisoirement, les biens des accusés fussent mis sous séquestre, leurs accusateurs se déclarant, de leur côté, prêts à perdre eux-mêmes leurs biens et à être proclamés incapables d'exercer désormais aucune fonction publique, si leur innocence était reconnue... Il fallait bien savoir « que devenu estoit li grans trésor que » on avoit levé en li roïaume dou tems passet ès dimes, en » maltôtes, en forges de monnoies et toutes exactions dont » li païs avoit esté mal menné et durement triboullé : et si on » avoit-on mal déffendu li roïaume et les saudoyers mal » payés et mal délivrés [1] ».

─────────

[1] *Froissart*, t. VI, p. 1.

Même ces représailles ne suffisaient pas aux Etats. Jusqu'alors, le roi avait gouverné avec l'assistance d'un grand conseil qu'il composait à sa volonté de ses familiers et de ses courtisans. Les députés exigèrent que le Dauphin renvoyât ces pseudo-conseillers qui ne pouvaient avoir d'autre avis que l'opinion du maître, et qu'il soumît toutes ses décisions au contrôle et à l'approbation d'un conseil législatif nommé par l'assemblée des trois ordres. Ce conseil devait se composer d'abord, selon la version vraisemblable des *Grandes Chroniques,* de vingt-huit membres : quatre prélats, douze chevaliers et douze bourgeois. Un peu plus tard, ces nombres furent changés, et le conseil comprit onze membres du clergé, six nobles et dix-sept bourgeois, parmi lesquels figurèrent naturellement Etienne Marcel, son frère Gilles, et l'échevin Charles Toussac. Cette combinaison nouvelle assurait au Tiers-Etat, avec la pluralité des |voix, l'influence et le pouvoir.

C'était, en réalité, plus qu'un conseil qu'on donnait ainsi au Dauphin, c'était une véritable tutelle, confiée à une sorte de Comité de Salut public, qui désignait les commissaires provinciaux, tranchait souverainement toutes les affaires administratives, et régnait au nom du roi, dont tout l'ancien pouvoir se réduisait presque exclusivement au droit d'approbation ou de *veto*. Il semblait que la monarchie, claquemurée ainsi dans son impuissante majesté, n'allait plus jouer qu'un rôle purement nominal, au milieu d'institutions républicaines, à peu près conformes à l'idéal oligarchique repris plus tard et réalisé par les Etats-Généraux de 1789 et même par les premiers Jacobins.

Les Etats stipulaient enfin la délivrance du roi de Navarre, soit qu'on voulût ainsi donner satisfaction à la foule qui considérait ce prince comme un martyr de la cause populaire, soit qu'on songeât déjà à se ménager son alliance et à tenir en échec le duc de Normandie.

Toutes ces exigences ne pouvaient être du goût du Dau-

phin. Aussi, après avoir refusé de se prononcer dans l'entrevue secrète où elles lui avaient été soumises, commença-
t-il de se préparer à la résistance.

Truands

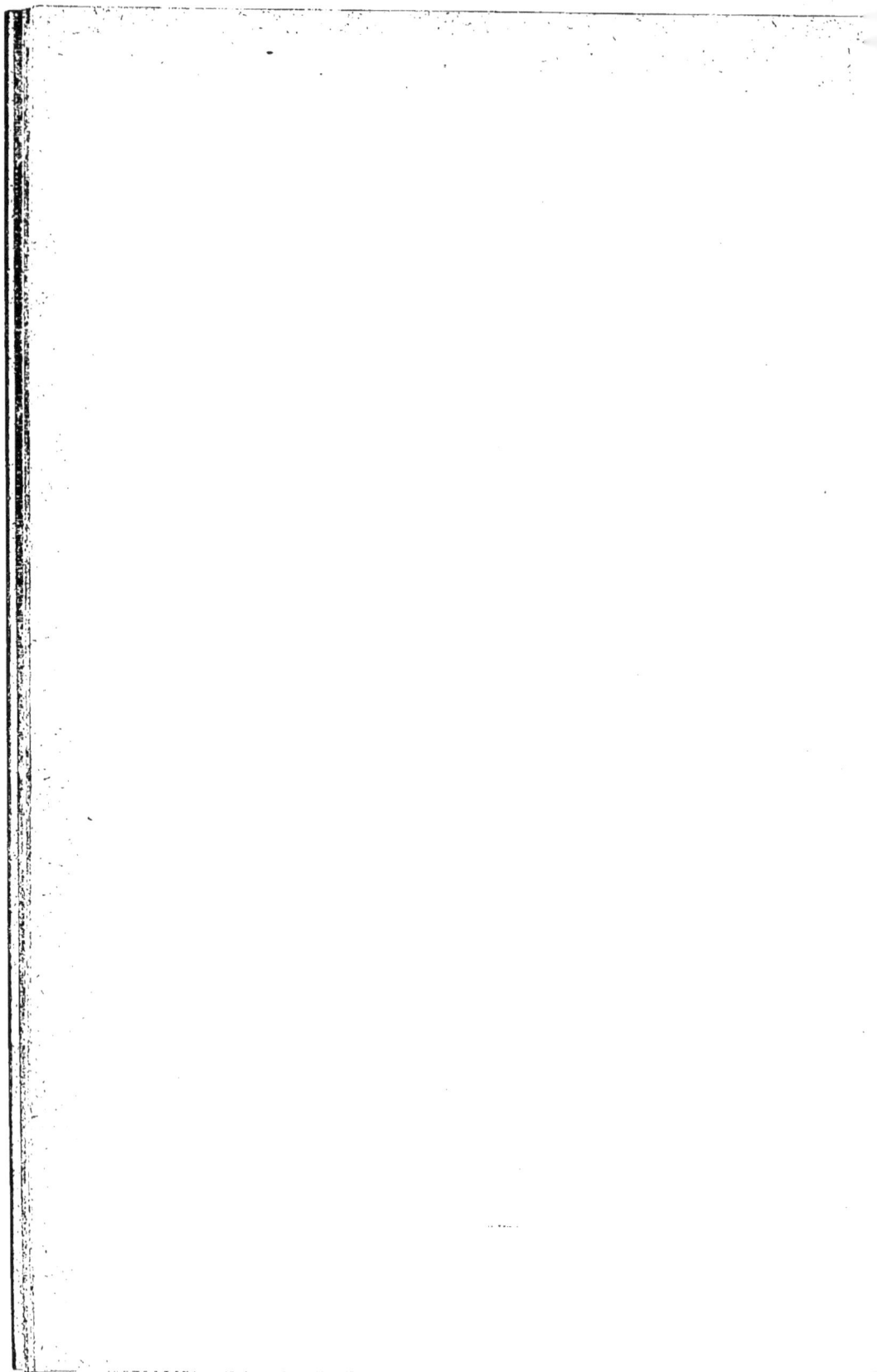

CHAPITRE VII

Etats-Généraux de 1357. — La Grande ordonnance.

Suivant un vieux manuscrit, le duc de Normandie « avala
» les remontrances des Etats comme le malade fait des pilules
» qui lui sont ordonnées par le médecin[1] ».

A plus forte raison, ses conseillers, directement et personnellement menacés, trouvaient-ils la potion amère. Ils lui
persuadèrent de tenir tête à l'orage et de ne pas écouter les
représentations des Etats. Cependant, il fallait être prudent,
et ne pas soulever de trop formidables mécontentements.
Donc, on usa de ruse, on chercha à gagner du temps, on
recula la séance de clôture de la session jusqu'au 3 novembre,
dans l'espoir qu'un grand nombre de députés, fatigués d'attendre, regagneraient leurs foyers, ce qui enlèverait à Etienne
Marcel et à ses amis la force nécessaire pour tenir ferme. Le
résultat ne trompa point cette attente, et les députés de Paris
ne tardèrent pas à rester à peu près isolés.

Le duc de Normandie voulut alors, pour mettre à profit la
situation, préparer un nouveau coup de théâtre. Le 2 novembre, veille du jour fixé pour la clôture définitive de la
session, il fit appeler au Louvre les principaux délégués des
trois ordres, entre autres, Etienne Marcel, Robert Lecoq et

---

[1] Ms de Baluze, n° 312, Reg. 5243, remontant, d'après Secousse, à l'année
1530.

Charles Toussac, qui s'y trouvèrent, pour ainsi dire, perdus au milieu de la foule hostile des partisans du prince. Là, celui-ci, avec une bonhomie apparente, sollicita d'eux un nouveau délai d'une semaine, sous le spécieux prétexte qu'il attendait des instructions du roi son père, de son oncle, Charles IV, empereur d'Allemagne, et du comte de Savoie, son cousin. Singulier patriotisme ! Mais les princes ne relèvent pas apparemment des mêmes lois que le commun des mortels...

Les délégués consentirent d'assez mauvaise grâce à cet atermoiement, mais enfin, par esprit de conciliation, ils consentirent. Quelques jours après, le duc les mandait encore auprès de lui, pour leur dire « de s'en aller chascun en leur lieu; » qu'il les redemanderoit, mais que il eust ouï certains mes- » sagiers chevaliers qui venoient de devers le roy, son père, » qui lui aportoient certaines nouvelles de par luy ». C'était se moquer du monde! Les députés s'en aperçurent, et perdirent patience. Dès le lendemain, les Quatre-Vingts et les quelques députés, malheureusement peu nombreux, qui n'avaient pas encore pris la clef des champs, se réunirent aux Cordeliers, sans convocation officielle, préludant ainsi, à quatre cents ans de distance, par cette réunion illégale, au serment du Jeu de Paume.

Ce fut Robert Lecoq qui se chargea d'instruire ses collègues de ce qui s'était passé. Dans une harangue énergique, il justifia la destitution des officiers royaux, ajoutant que les rois de France eux-mêmes ne sauraient être à l'abri d'une déposition méritée, et proposa qu'on donnât le plus de publicité possible aux résolutions des Etats et aux réponses dilatoires faites par le Dauphin, afin d'en appeler au suprême verdict de la nation souveraine.

C'était là une déclaration de guerre en bonne et due forme. Le Dauphin ne demandait pas mieux, sans doute, que de relever le gant ; mais le trésor était vide. Il s'adressa donc à mainte et mainte reprise au prévôt des marchands et aux échevins de Paris pour obtenir d'eux de l'argent et une armée. Mais ceux-ci n'eurent garde d'accorder des subsides sans garantie. Donnant, donnant ! « Rappelez les trois États, » répliquaient-ils invariablement ; nous n'avons pas le droit » de nous substituer à eux ! »

Rebuté de ce côté, le duc songea à s'adresser directement à la nation. Il envoya donc des conseillers du roi dans tous les bailliages du royaume pour demander des subsides aux bonnes villes. Plus dociles que les États-Généraux, la plupart des assemblées provinciales votèrent de l'argent et des troupes, mais encore entourèrent-elles cette concession, surtout en Auvergne, des mêmes conditions minutieuses que le Dauphin ne pouvait se résigner à subir à Paris. Partout, par exemple, les députés se réservaient l'administration de ce qu'ils donnaient, suspendant, d'ailleurs, le paiement de toutes les impositions autres que le subside, auquel tous les citoyens, sans exception, devaient être astreints, ils voulaient, en outre, avoir le droit de se réunir, sans convocation, toutes les fois qu'ils le jugeraient à propos, etc., etc.

Somme toute, mauvaise campagne pour le Dauphin, d'autant plus mauvaise que, dans nombre d'endroits, les habitants se refusèrent de payer ces subsides, achetés au prix de tant de difficultés et d'humiliations.

Il ne restait plus que la piteuse et traditionnelle ressource de la monarchie : l'altération des monnaies. Le duc de Normandie finit par s'y décider, et par porter le marc d'argent à 12 livres tournois, le double de sa valeur réelle, après avoir eu au préalable, la prudence de mettre la frontière entre les contribuables et lui et d'aller se réfugier auprès de l'empereur d'Allemagne, son oncle, qui donnait alors de grandes fêtes à Metz. Il laissait, pendant son absence, tous ses pouvoirs et toutes ses responsabilités à son frère le duc d'Anjou, encore plus jeune et plus inexpérimenté que lui.

Grand émoi dans Paris. Étienne Marcel et ses échevins s'en vont trouver le duc d'Anjou pour le sommer de suspen-

6

dre le cours de la nouvelle monnaie. Sur le refus du prince, ils agissent révolutionnairement et font défense à leurs administrés de recevoir ladite monnaie dans leurs transactions. Comme d'ordinaire, l'énergie produit ici de meilleurs résultats que le respect absurde d'une légalité arbitraire : le duc d'Anjou, effrayé, suspend lui-même la circulation des espèces remaniées, jusqu'à ce que le duc de Normandie fasse connaître sa volonté.

Le duc de Normandie n'en pouvait avoir d'autre que de se soumettre. Cela lui souriait encore davantage que l'obligation de se démettre, à laquelle il craignait qu'une trop longue résistance ne finît par l'acculer. Le 14 janvier 1357, ayant épuisé jusqu'à son dernier sou, et désespérant de se procurer de nouvelles ressources, il faisait sa rentrée solennelle à Paris, tout en roulant dans sa tête mille projets de vengeance. Son dépit et sa rancune devaient être exaspérés encore par le spectacle de l'ovation triomphale faite par le peuple à Etienne Marcel qui était venu à sa rencontre plutôt à la façon d'un roi populaire traitant d'égal à égal avec un ennemi réduit à composition que comme un sujet rendant hommage à son souverain.

Aussi, cinq jours après, mandait-il Marcel à Saint-Germain-l'Auxerrois, dans l'intention probable de le faire arrêter. Si anormal que pût paraître ce rendez-vous en plein air, Marcel n'hésita pas à y venir, mais il y vint « à compaignie de » grant foison de gens de Paris armés à descouvert ». Et bien il fit, car il se trouva, au lieu fixé, en présence de plusieurs conseillers du duc de Normandie, qui, forts de leur escorte d'écuyers et de gardes du Louvre, prirent une attitude menaçante, et le sommèrent, au nom de leur maître, de laisser libre cours à la nouvelle monnaie. Sans s'émouvoir, Marcel répondit hardiment « qu'il ne souffrirait point que » ladite monnoie courust » ; ce qui engendra une querelle violente, où le prévôt des marchands eût peut-être laissé la vie, s'il n'avait appelé à son aide ses amis qui se groupèrent

autour de lui, opposant la menace à la menace. Une lutte terrible semblait imminente. Les marchands fermaient leurs
boutiques ; les « menestereux » (musiciens ambulants) qui
pullulaient alors dans les rues, recevaient l'ordre de cesser
d'« ouvrer » (de chanter ou de jouer des instruments) ; le tocsin commençait de sonner à tous les beffrois de la ville...

Cependant, le conflit redouté n'éclata pas encore. Etienne
Marcel battit fièrement en retraite avec ses partisans, sans
que personne osât l'inquiéter. Mais immédiatement il donna
l'ordre aux gens des métiers de se mettre en grève et à tous
les Parisiens de s'armer. Il fut obéi : les corporations descen-
dirent dans la rue, bannières en tête, prêtes à balayer comme
un fétu de paille les imprudents aristocrates qui osaient
insulter leur chef respecté.....

La peur est le seul sentiment humain auquel soit accessi-
ble le cœur des princes. Le duc de Normandie eut peur : il
céda. — Le lendemain, 20 janvier, « bien matin », il se rendit dare-dare à la Chambre du Parlement, où il avait convoqué le prévôt des marchands et les principaux bourgeois.
« Et leur dist que il ne se tenoit pas mal content d'eulx et leur
» pardonnoit tout ce qui avoit esté faict par eulx[1] : et oultre
» leur accordoit que les gens des trois estas s'assemblassent
» quand ils le vouldroient. Et aussi leur dist que il débouttoit
» et mettoit hors de son Conseil les officiers du roy, que les
» gens des trois estas luy avoient aultrefois nommés. » Il
ajouta que, quoique le droit de battre la monnaie appartînt
au roi, il permettait de retirer de la circulation celle que lui-
même avait frappée, « pour faire plaisir au peuple ».

L'émeute obtenait donc (c'est l'éternelle histoire) ce que la
discussion pacifique avait été impuissante à faire reconnaître !
Aussi, Etienne Marcel exigea-t-il que toutes ces concessions,
arrachées par la terreur, fussent consacrées par des lettres
authentiques, qui lui furent données « par-devant notaire ». Il

---

[1] Comme s'il avait pu faire autrement !

contraignit encore le duc de Normandie à convoquer les Etats-
Généraux pour le 5 février suivant, et à retirer leurs pouvoirs à Pierre de Laforest et à Simon de Buci, qui étaient
alors à Bordeaux, en train de négocier avec le prince de
Galles, et chez lesquels il ordonna lui-même de faire des per-
quisitions.

L'œuvre qui s'imposait aux Etats était terriblement rude,
si rude que, sauf le parti des réformateurs quand même, qui
avait à sa tête Etienne Marcel et quelques autres hommes de
la même trempe, les plus vaillants désespéraient.

« Jamais la misère publique, dit M. Perrens[1], n'avait ré-
» clamé de plus prompts et de plus énergiques remèdes. Cette
» courte période de trois mois, durant laquelle le duc de
» Normandie essaya de gouverner seul, sans le concours ou
» la tutelle des Etats, est certainement l'une des plus désas-
» treuses de notre histoire. Les auteurs s'accordent sur les
» effets, s'ils diffèrent sur les causes : quelques-uns nous
» montrent le lieutenant du roi faible, incapable, à la merci
» de l'émeute ; tout le pays livré sans défense à des maux
» innombrables que l'esprit le plus actif et la main la plus
» ferme auraient eu peine à conjurer ; les seigneurs, retour
» de Poitiers, s'abattant sur leurs infortunés vassaux pour
» leur ravir, sous prétexte de payer une rançon exorbitante,
» ce que l'ennemi, les brigands et les mauvaises récoltes
» avaient pu leur laisser ; les soldats, débandés, achevant,
» pour assurer leur subsistance, l'œuvre de ruine que leurs
» chefs avaient commencée, pillant et brûlant les chaumières
» que les Anglais et les compagnies avaient laissées debout ;
» les voleurs de grande route, remplaçant, au besoin, les
» ennemis ou soldats fatigués ; dans les villes, mieux dispo-
» sées pour la défense, la cherté ou la rareté des vivres pro-
» voquant d'abord les sourds mécontentements, puis les dis-
» cordes ouvertes, et même les rébellions contre l'autorité

[1] *Etienne Marcel*, p. 120.

Coiffures de femmes.

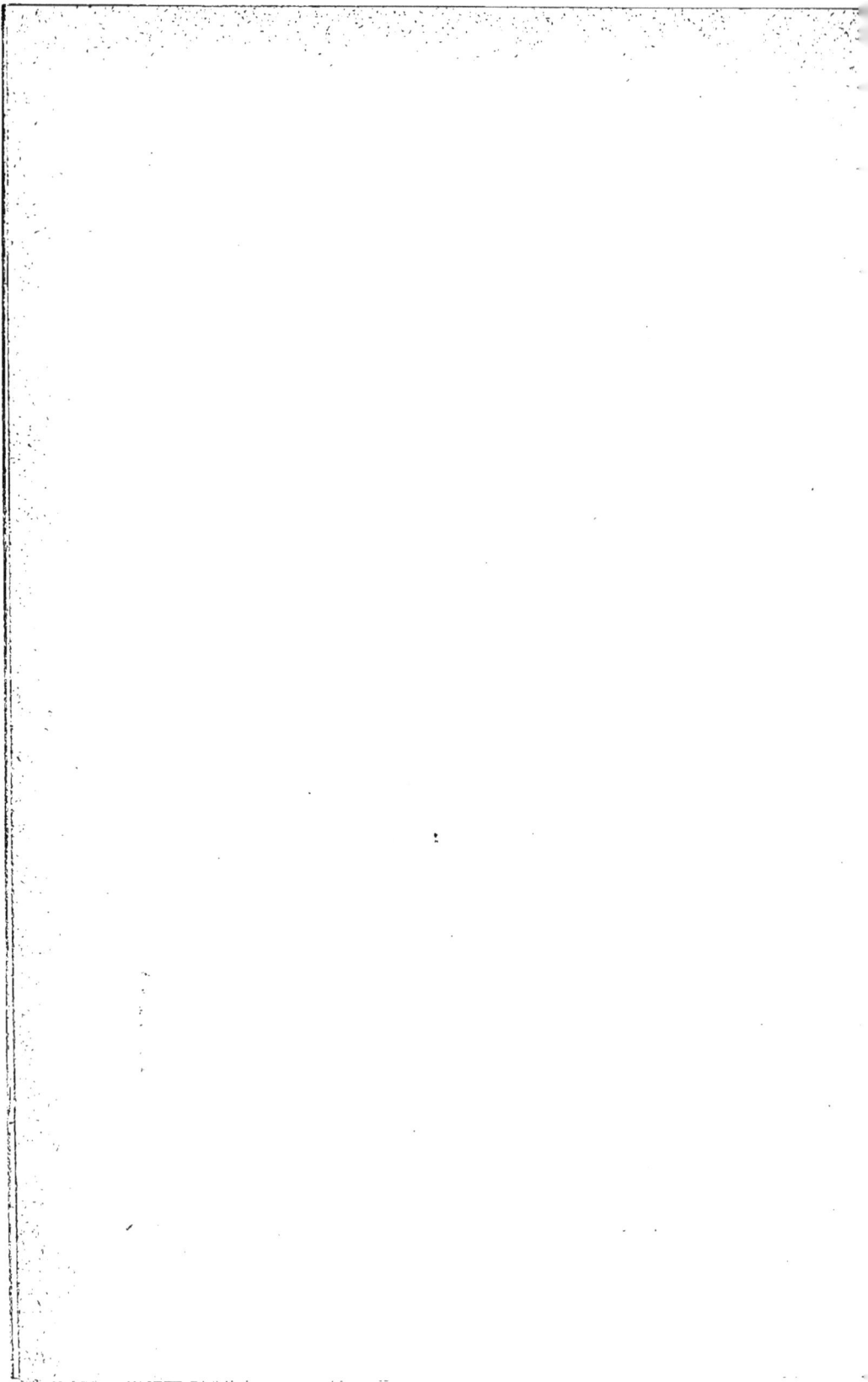

» publique; au milieu de ce désordre, les officiers royaux et
» les employés qui vivaient des abus s'opposant aux moin-
» dres réformes; les maîtres accablant leurs esclaves et les
» esclaves commençant de menacer leurs maîtres; enfin, les
» souffrances du présent augmentées encore des craintes de
» l'avenir, tel est le sombre tableau que nous retracent les
» chroniqueurs, et qui arrache au plus sincère d'entre eux
» (second continuateur de Nangis), témoin ému de tant de
» misère, cette douloureuse parole : « *Que la France, qui*
» *l'emportait auparavant par les richesses et par la gloire,*
» *était devenue un objet de mépris et de dérision pour les*
» *autres nations.* »

Rien d'étonnant, en pareille occurrence, à ce que les députés vinssent en moins grand nombre qu'aux sessions précédentes. Les gens ne se souciaient que médiocrement
d'assumer d'aussi graves responsabilités. Puis, les échecs
antérieurs n'étaient pas encourageants : à quoi bon retourner
encore à Paris, toute affaire cessante, à quoi bon entreprendre
ce voyage ruineux, long et plein de dangers, pour se heurter
une fois de plus à d'insurmontables difficultés? Et si tels
étaient les sentiments de la bourgeoisie, on peut en augurer
ce que pensait la noblesse. Inquiète des progrès du Tiers-
Etat, celle-ci s'était presque partout abstenue d'envoyer ses
représentants : le moment était proche où elle allait faire
cause commune avec le Dauphin.

Cette désertion n'abattit point le courage de Marcel et de
ses amis. Au contraire. Ils commencèrent par adopter comme
base des délibérations des Etats les réclamations même que
le duc de Normandie avait refusé d'entendre, en renchéris-
sant même encore sur elles. Ils obtinrent en même temps que
chaque député prendrait copie de ces revendications, les
communiquerait à ses électeurs et solliciterait leur opinion
sur elles. Cet échange de pensées et de volontés entre man-
dants et mandataires ne demanda pas plus d'un mois. délai
prodigieusement court pour une époque où les communica-

tions étaient si difficiles. Est-il besoin de dire que les députés des bonnes villes purent se convaincre ainsi qu'ils étaient en parfaite communion d'idées avec la nation, ce qui ne fit que leur fouetter le sang et redoubler leur énergie?

Ce fut le vendredi, 3 mars, que communication fut donnée au Dauphin des vœux, ou plus exactement, comme dit Perrens, des « volontés » des Etats, qui étaient la traduction fidèle des volontés populaires.

En retour des subsides nécessaires pour l'entretien de 30,000 hommes d'armes, les Etats exigeaient la destitution irrévocable des sept officiers du roi désignés dans la session précédente, et la confiscation de leurs biens. On y ajoutait même quinze nouveaux noms, parmi lesquels nous relevons celui de Pierre d'Orgemont, président au Parlement et rédacteur d'une grande partie des *Grandes Chroniques*, dont ce simple fait suffit pour faire suspecter l'impartialité.

Les Etats voulaient, en outre, que tous les officiers royaux fussent provisoirement suspendus, jusqu'à ce qu'ils eussent rendu compte de leurs fonctions à des délégués nommés à cet effet. Ils avaient compris qu'on ne fonde un ordre de choses nouveau qu'à la condition de briser tous les fils qui pourraient le rattacher à l'ancien et d'en écarter tous les hommes qui seraient susceptibles d'y transporter la tradition des errements du passé. — Il était formé, en outre, un comité exécutif permanent de trente-six personnes, investies d'une autorité à peu près absolue pour opérer, dans l'intervalle des sessions, toutes les réformes administratives, financières et autres qu'auraient votées les Etats. Enfin, les Etats réclament le droit de se réunir encore, sans convocation nouvelle, deux fois dans la même année...

Le duc de Normandie n'essaya même pas de résister à cet ultimatum. Une ordonnance en soixante articles, qui résumait les travaux des Etats et donnait satisfaction à leurs vœux, fut promulguée par lui. Ce fut la *Grande ordonnance*, qui donnait une constitution nouvelle à la France, constitution qu'on peut qualifier à bon droit, celle-là, d' « essence démocratique », puisqu'elle contenait en germe la plupart des réformes ébauchées en 1789. On peut même dire que si elle avait pu être maintenue et triompher de la résistance passive des masses ignorantes ainsi que de l'hostilité armée des privilégiés, alliés, pour la circonstance, à la Monarchie, la Révolution française eût été avancée de quatre siècles, et n'eût pas coûté, sans doute, tant de sang, de larmes et de ruines. A ce titre, elle mérite bien que nous en reproduisions et analysions ici les principaux articles.

Article 2. — « Les deniers des subsides seront en-
» tièrement employés pour la guerre et levés par les
» députés. La peine de la prison sera infligée à ceux
» d'entre eux qui détourneraient la moindre somme à leur
» usage. »

On le voit, les Etats, par un honorable scrupule, se précautionnaient contre les malversations possibles de leurs propres délégués, comprenant qu'on ne saurait être trop sévère ni trop défiant à l'égard des hommes qui sont investis de fonctions publiques.

Article 7. — « Tous les juges rendront bonne et prompte
» justice. Comme il y a des procès instruits dont la solution
» n'a été retardée que par la faute des présidents, le Parle-
» ment et la Chambre des enquêtes s'assembleront tous les
» jours, *à l'heure du soleil levant*, jusqu'à ce que tous les
» procès soient jugés. »

Quelle critique de la magistrature et des lenteurs procédurières ! Fonctionnaires publics, payés pour rendre certains services, il faut que les juges gagnent leur argent et cessent d'abuser de la patience des justiciables. Il faut aussi

qu'ils s'abstiennent de gruger les pauvres gens. « Plusieurs,
» dit l'Ordonnance, ont accoustumé de prendre salaire trop
» excessif, et d'aller à quatre ou cinq chevaux, quoique, s'*ils*
» *alloient à leurs dépens*, il leur suffiroit bien d'aller à deux
» chevaux. » Pas de faste ni d'ostentation ! La justice doit être
austère. Encore un peu, elle sera gratuite. Combien de ces
réformes, hélas! formulées sur ce ton aigre, qui sont encore
de saison !

Articles 16 et 17. — « Défense est faite à qui que ce soit
» de faire des prises de vivres (c'est-à-dire de lever arbitrai-
» rement et en nature). Si l'on essayait d'enfreindre cette
» défense, les personnes lésées auraient le droit de résister
» et d'appeler les voisins à leur secours. »

C'est une consécration nouvelle du droit à l'insurrection,
établi précédemment, comme nous l'avons déjà vu, droit qui
n'était pas, au surplus, purement comminatoire et platonique,
ainsi qu'on pourrait le préjuger dès l'abord. Nous aurons
plus tard l'occasion de constater que ce droit redoutable fut
exercé pour la première fois lors de l'affaire Perrin-Marc,
dans des circonstances orageuses qui faillirent engendrer un
conflit sanglant.

Article 33. — « Il est défendu aux nobles et autres gens
» d'armes, sous peine d'amende et de prison, d'abandonner
» le royaume pendant la guerre, pour quelque cause ou
» voyage que ce soit, à moins qu'ils n'aient encouru une
» condamnation ou obtenu un congé du souverain. »
C'est la revanche patriotique de la lâche défection des gentilshommes à la bataille de Poitiers.
En 1789-1792, la France devait voir rééditer des mesures
analogues, mais plus sévères encore, contre les émigrés qui,
non contents d'abandonner la patrie envahie, allaient offrir
leurs services aux envahisseurs. Notons cependant une diffé-

rence entre les deux époques, différence qui témoigne, en
faveur du progrès accompli. Au xive siècle, le congé du souverain vaut encore un sauf-conduit, parce que les révolutionnaires n'ont pas encore complètement éliminé le préjugé
monarchique. Au xviiie siècle, c'est sur la personne royale
que se portent tout d'abord les soupçons.....

C'est la même idée qui inspire les prescriptions suivantes :

Article 34. — « Il est défendu aux nobles de se faire la
» guerre entre eux, tant que durera la guerre contre les
» Anglais. »

« Que si aulcun fait le contraire, la justice du lieu, *ou s'il*
» *est besoin, ces bonnes gens du pays prennent tels guer-*
» *riers....* et les contraignent sans délai, par retenue de
» corps et exploitement de leurs biens, à faire paix et à ces-
» ser de guerroyer. »

Voilà donc les nobles soumis à la surveillance du peuple,
à la justice du « commun » suivant l'expression du temps.

Articles 37 et 38. — « Les soudoyers (mercenaires) fran-
» çais ou étrangers ne pilleront pas sous peine d'être pen-
» dus.... Ils n'auront pas le droit de rester plus d'un jour dans
» les hôtelleries... »

Malheureusement, ces prescriptions, qui ouvrent sur les
mœurs du temps un horizon si inattendu, devaient rester à
peu près purement platoniques...

Article 40. — « Tous les Français sont tenus d'être armés ;
» ils pourront, au besoin, y être contraints par la force. » —
Depuis longtemps les communes étaient armées : mais c'était
l'obligation du service militaire pour tout le monde qui appa-
raissait.

Article 43. — « Les membres du Conseil qui n'arriveront
» pas aux séances à l'heure marquée (au soleil levant) perdront
» leurs gages de la journée. Si leurs absences sont fréquentes,
▸ ils seront exclus du Conseil... »

Quel énergique sans-façon !

Article 49. — « Les dépenses du duc de Normandie et
» celles de la duchesse, sa femme, seront modérées, *et leurs*
» *maîtres d'hôtel paieront exactement ce qu'ils achète-*
» *ront.* »

Les princes, à ce qu'il paraît, avaient l'habitude de bien
vivre à bon marché. Ils ne payaient pas leurs dettes : c'était
aussi simple que cela !

Comme ce simple détail est éloquent !

Article 53. — « Les juges seront tenus de prononcer leur
» sentence au plus tard à la troisième de leurs séances après
» celle où les parties auront produit leurs moyens. Si cette
▸ sentence vient à être cassée, ils paieront tous ensemble
» une amende de soixante livres. S'ils sont convaincus de
» corruption, ils seront punis beaucoup plus sévèrement
» suivant la gravité du cas. »

Toujours les mêmes précautions minutieuses contre les
lenteurs de la procédure, contre les abus de pouvoir et les
prévarications possibles ! Nous pouvons encore aujourd'hui,
après cinq cent vingt-quatre années d'attente, regretter que
ces sages mesures n'aient pas passé dans nos mœurs judi-
ciques !

Tout serait à relater, si nous voulions donner une appréciation exacte de cette admirable ordonnance, dépassée depuis
sans doute par les conceptions et les théories des réformateurs,
mais non pas par la pratique.

Malheureusement, les idées qui l'avaient inspirée étaient en avance sur l'opinion publique du moment, qui jugea trop hardies des réformes qui n'aboutissaient à rien moins qu'à bouleverser de fond en comble des institutions séculaires. La pensée des chefs du mouvement ne trouva guère d'écho qu'à Paris, dont l'intelligente population sentait bien qu'une nation ne peut recouvrer ses droits qu'au prix des plus grands sacrifices [1].

Quant à la province, ignorante et trompée par les mensonges et les calomnies dont les nobles se faisaient partout les colporteurs intéressés [2], elle ne comprit pas que son affranchissement était l'enjeu de la partie suprêmement engagée par la Commune de Paris au nom du pays tout entier, et, quand fut venue l'heure de l'action, elle abandonna les initiateurs. Entre le roi, qui, du fond de sa luxueuse captivité, défendait au peuple d'obéir aux Etats (6 avril), et ceux-ci, qui réclamaient des sacrifices patriotiques, les campagnes et les villes de province se prononcèrent pour l'ordre qui les dispensait de donner de l'argent. Partout on refusait de payer le subside, qui rendit à peine la dixième partie de ce qu'on en attendait. Même, en certains endroits, le peuple s'opposa par la force à la levée des impôts. Aux environs d'Avranches et de Saint-Lô, les paysans voulurent mettre en pièces les collecteurs. A Montbrison, dans le Forez, ils les reçurent à coups de flèches et les obligèrent de se cacher sur les toits...

Le pauvre peuple était à bout de patience et de misère. Ruiné, grugé, saigné à blanc, il ne pouvait comprendre que les Etats, investis de la mission de défendre ses intérêts, l'obli-

---

[1] PERRENS, *Etienne Marcel*, p. 135.

[2] Dans des lettres de rémission accordées à la ville d'Amiens, on trouve cette phrase : « *Pour cause desquelles assemblées les dits échevins et communautés* » *aient encouru l'indignation d'aucuns nobles qui s'efforçoient de défaire le fait* » *d'icelles assemblées qui faictes estoient par lesdictes gens des trois estas.* » (*Trésor des Chartes*, Reg. 86, f° 78.)

Il résulte clairement de cette pièce curieuse que les nobles avaient fait les plus perfides efforts pour tromper les bonnes gens de province sur le but qu'on poursuivait à Paris.

geassent encore à donner de l'argent, au lieu de faire supporter les frais de la guerre par les privilégiés qui avaient la
responsabilité des malheurs nationaux! Le fait est que c'eût
été justice! Les délégués eurent peur de l'énorme besogne
vengeresse que cela eût nécessitée. Ils reculèrent devant la
logique de leur entreprise. Cette faiblesse, en soulevant le
mécontentement populaire et en créant entre Paris et la province un malentendu funeste, devait leur coûter cher et compromettre le succès de la cause démocratique, tant il est vrai,
comme a dit plus tard Saint-Just, que ceux qui font les révolutions à demi, ne font que creuser leur propre tombeau.

Ce fut un coup terrible pour Marcel et ses amis. Cependant
ils ne se découragèrent pas. Au contraire!

Bohémiens.

CHAPITRE VIII

La Révolution Communale.

Cependant, la situation devenait plus tendue, plus critique. La discorde se mettait parmi les réformateurs eux-mêmes, qui n'avaient pas tous, comme Marcel et ses amis immédiats, le courage ni la persévérance à la hauteur des difficultés et des périls. Ce furent d'abord les nobles et les membres du clergé, à qui la prépondérance de la bourgeoisie était insupportable, qui donnèrent le signal de la défection. Pierre de Craon, par exemple, qui, jusque-là, avait été l'un des orateurs des Etats les plus remarqués à cause de son zèle et de son dévouement, craignant que la victoire n'abandonnât la cause populaire, passait brusquement au parti du Dauphin, dont il prenait la direction. Puis, ce fut le tour des bourgeois les moins énergiques, qui s'en allaient sournoisement, un à un, sans tambour ni trompette, de peur d'être compromis dans l'inévitable défaite qu'ils prévoyaient.

Le vide se faisait tous les jours plus large autour des initiateurs du mouvement dont quelques-uns même, comme Robert Lecoq, qui, jugeant la partie perdue, se retira pendant quelque temps dans son évêché, eurent leur heure de faiblesse...

Seuls, Etienne Marcel et les magistrats municipaux de Paris, alliés à quelques députés des bonnes villes, gardèrent

jusqu'au bout la foi et la vaillance des premiers jours.
« Dans cette dissolution du royaume, la commune restait
» vivante » (*Michelet*); c'est elle qui hérite de l'autorité
abandonnée par les Etats...

Et, dans la commune elle-même, qui donc occupe le premier plan, qui joue le principal rôle? C'est Etienne Marcel,
dont les merveilleuses qualités se déploient alors en pleine
lumière. Il incarne véritablement le génie populaire; il se
fait l'âme agissante et pensante de la Révolution...

C'est lui qui pousse avec une activité fiévreuse les travaux
de défense commencés l'année précédente! C'est encore lui
qui organise les milices, qui existaient depuis longtemps,
mais manquaient de cohésion. Il donne à chaque quartier [1] un
chef militaire qui, sous le nom de quartinier, commandait aux
cinquanteniers, lesquels avaient pour lieutenants cinq dizainiers, qui avaient eux-mêmes dix hommes sous leurs ordres.
Cette organisation hiérarchique, qui mettait aux mains du
seul prévôt des marchands, par l'intermédiaire d'officiers à
sa dévotion, toutes les forces vives de la cité, était bien
quelque peu dictatoriale. Mais ainsi le voulaient les mœurs
centralisatrices du temps, tout imprégnées encore du fétichisme monarchique. Peut-être même peut-on voir dans cette
insouciance générale de la liberté l'une des principales causes
de l'avortement de cet immense effort; mais n'accusons, du
moins, personne d'avoir suivi le courant... Il semble, d'ailleurs, que ces quartiniers, cinquanteniers et dizainiers,
étaient nommés à l'élection, ou, comme on disait alors, « au
gré du commun ». Ce serait donc seulement l'énorme influence
morale, dont disposait Etienne Marcel, qui lui permit de con-
fier ces fonctions si importantes à ses amis personnels et de
prendre ainsi la direction souveraine de l'armée révolutionnaire.

[1] Il y avait alors huit quartiers en tout dans Paris : la Cité, la Montagne
Sainte-Geneviève, la Grève, Saint-Jacques-la-Boucherie, Sainte-Opportune,
Saint-Germain-l'Auxerrois, Saint-André-des-Arts et la place Maubert

Il ne faudrait pas croire, au surplus, que le prévôt des marchands se soit exclusivement appuyé sur les gens de sa classe. Il eut, au contraire, le mérite extraordinaire et précieux pour le siècle où il vivait, d'élargir l'horizon de sa conception politique et sociale au-delà des limites étroites du petit état-major de bourgeois riches et instruits qui comprenait et servait ses vastes desseins. Il fut le premier à se rendre compte de la puissance des masses prolétariennes qu'il était alors dans les habitudes de mépriser absolument. Souvent, il eut l'occasion de faire appel à la foule obscure des pauvres artisans dont le dévouement, le bon sens et le courage ne lui firent jamais défaut. Il est même permis de croire que, s'il fût constamment resté fidèle à cette tactique, qui fit de lui, à mainte et mainte reprise, le chef d'insurrections populaires, et qui devait plus tard le pousser à contracter alliance avec les paysans révoltés, il eût obtenu des résultats autrement sérieux et autrement durables. Mais, égaré par les premières victoires des Etats-Généraux, il se laissa prendre au préjugé parlementaire : ce qui causa sa perte.....

Ce que rêvait ce grand homme, c'était évidemment de substituer à la monarchie la fédération républicaine des communes de France, sur le modèle des communes flamandes.

C'était dans ce but qu'il avait fait prendre à ceux de son parti, comme signe de ralliement et d'alliance, le chaperon mi-partie rouge et « pers » (bleu foncé), qui étaient les couleurs du blason parisien. Quelques autres communes l'adoptèrent. Citons notamment Rouen, Beauvais, Laon, Senlis, Amiens surtout, qui devait bientôt prendre les armes pour la cause fédérale et empêcher le duc de Normandie d'entrer dans ses murs [1].

---

[1] On appelait chaperon une coiffure autrefois commune aux hommes et aux femmes et qui se composait d'une sorte de capeline avec une queue pendante par derrière. — Sur les fermeilles (agrafes) du chaperon rouge et bleu adopté en 1357 par les révolutionnaires parisiens, on lisait ces mots : « *En signe d'alliance de vivre et morir avec le prévost contre toutes personnes.* » Cette coiffure d'uniforme était donc bien quelque chose d'analogue à cette

Malheureusement, ce mouvement fut trop limité. Les bourgeois de province se firent illusion sur leurs véritables
intéréts ; ils prêtèrent trop volontiers l'oreille aux calomnies
et aux insinuations dissolvantes des privilégiés, de sorte que,
les habitudes d'isolement municipal aidant, la commune de
Paris resta à peu près seule pour lutter contre la cour. Ce
n'était pas, hélas ! le dernier ni le plus lamentable exemple
de la division entre les communes françaises et de l'antagonisme soigneusement entretenu par le despotisme centrali-
sateur entre la province et Paris, que devait présenter notre
histoire !

C'était pendant la quinzaine de Pâques que devait s'ouvrir
la nouvelle session des Etats. Cependant, pour des causes qui
n'ont pas été bien éclaircies, la réunion n'eut lieu que quelques jours plus tard, le 30 avril 1357.

Le duc de Normandie avait quitté son attitude résignée du
mois de mars. Encouragé par le retour de la noblesse, et
voyant autour de lui la réaction grandir en sa faveur, il se
mit, dès le début, en hostilité flagrante avec les Etats et avec
Marcel. Il commença par rétablir dans leurs fonctions les
officiers suspendus, à l'exception toutefois des vingt-deux
dont le procès avait été exigé. Puis, levant tout-à-fait le
masque, « il dist, environ la my-aoust, au prévost des mar-
» chands, à Charles Toussac, à Jehan de l'Isle et à Gile
» Marcel, qui estoient principaux governeurs de la ville de

carte de civisme qu'on devait retrouver plus tard, à d'autres époques
troublées.

Les couleurs de la ville de Paris étaient précisément le rouge et le bleu.
C'est en y ajoutant le blanc, couleur de la maison royale, qu'on a composé,
en 1789, le drapeau tricolore. On aurait tort de croire, d'ailleurs, que le
drapeau blanc ait jamais été notre drapeau national. Le blanc était simple-
ment la couleur d'une dynastie, après avoir été longtemps, ce qu'il n'a
jamais cessé d'être, le signe de la défaite et de la capitulation. Le véritable
drapeau national de la France a toujours été le drapeau rouge, n'en déplaise
à Lamartine, depuis l'étendard des Gaulois nos ancêtres, jusqu'à l'oriflamme
pourpre de Saint-Denis.

Avant le combat de Meaux, entre les nobles et les paysans insurgés,
l'apparition du drapeau blanc n'est signalée par aucun document historique
connu.

» Paris, que il vouloit, dès or en avant, governer et ne vouloit
» plus avoir curateurs ; et leur deffendit qu'ils se meslassent
» plus du governement du roïaume que ils avoient entreprins,
» par telle manière qu'on obéyssoit plus à eulx que à monsei-
» gneur le duc. »

Là-dessus, il quitta Paris, se fiattant de l'espoir d'obtenir
facilement des « bonnes villes » les subsides dont il avait
besoin. Mais les provinces n'entendaient pas plus donner de
l'argent à un prince qu'elles n'en avaient voulu donner à
leurs députés. D'ailleurs, la plupart des villes qu'il visita
étaient secrètement affiliées à la Ligue qu'organisait Etienne
Marcel : aussi firent-elles assez mauvais accueil à ce nouveau
solliciteur.

Ce fut alors que le Dauphin, en désespoir de cause, se
risquant à violer ouvertement la Grande Ordonnance, qui
avait supprimé la vénalité des charges, publia, le 4 septembre, à Maubuisson, un décret qui rétablissait à son profit
le droit de vendre et d'affermer les greffes, les prévôtés et
les tabellionages. Mais cette illégalité ne réussit pas à lui
procurer de suffisantes ressources. Ses collecteurs furent, en
effet, pour la plupart, arrêtés par les voleurs de grand chemin qui pullulaient partout, et qui leur enlevèrent ce qu'ils
rapportaient.

Même le duc ne se sentait pas personnellement en sûreté.
Il craignait que les brigands ne s'avisassent de s'emparer de
sa personne, afin d'en tirer une riche rançon. Et, de fait, on
ne voit pas comment il aurait pu prévenir ce danger. Se
sentant mal à l'aise à Pontoise, où il s'était blotti, et songeant
à revenir à Paris, il écrivit à Etienne Marcel pour se mettre,
pour ainsi dire, à sa discrétion.

Marcel n'usa de ce triomphe qu'avec une excessive modération. Cependant, il exigea que le Dauphin convoquât à
Paris, à brève échéance, les députés des vingt ou trente
villes qui avaient accepté le chaperon rouge et bleu ; puis,
pour bien marquer la soumission du prince qui venait ainsi

spontanément se remettre en tutelle, il fit apposer le sceau
de la prévôté des marchands sur les lettres de convocation[1].

La réunion des Etats eut lieu le 7 novembre.

Il s'y rendit un grand nombre de députés dont Etienne
Marcel n'était pas sûr, car le Dauphin, pour déjouer ses
projets, avait convoqué soixante-dix communes, au lieu de
trente. Cependant ils ne firent aucune opposition au prévôt
des marchands et à Robert Lecoq, qui était revenu reprendre
à ses côtés son poste de combat. Ils firent, au contraire, avec
beaucoup de docilité, cause commune avec les réformateurs,
trompant ainsi les espérances que le parti rétrograde avait
basées sur eux. C'est une preuve de plus qu'il n'y avait qu'un
malentendu entre la province et Paris, et que, si les communications avaient été plus faciles et la publicité plus grande,
le mouvement révolutionnaire se fût étendu, comme une
traînée de poudre, d'une frontière à l'autre.

Etienne Marcel, Robert Lecoq et Jean de Picquigny profitèrent de cet accord, pour réclamer au Dauphin la délivrance
du roi de Navarre, dont ils comptaient se faire un allié précieux. Le duc de Normandie accéda à cette requête sans
aucune difficulté apparente; mais il s'empressa de faire par
venir au gouverneur du château d'Arleux, où était détenu
Charles le Mauvais, l'ordre secret de retenir le prisonnier. Il
avait compté sans l'esprit d'initiative et l'opiniâtreté des chefs
de la bourgeoisie qui, craignant quelque piège, firent enlever
leur protégé par un hardi coup de main. Au lieu de tenter
auprès de Tristan du Bois, gouverneur d'Arleux, la démarche
officielle que semblait autoriser cependant la réponse favorable du Dauphin, deux sergents du comté d'Artois, Robert
de Mouchy et Pierre de Manmonnes, spécialement investis
de cette mission, escaladèrent pendant la nuit les murailles

---

[1] Depuis le XIIe siècle, dit M. Robiquet, les marchands de l'eau possé-
daient un sceau particulier. Il avait une forme ovale et représentait une
barque au milieu de laquelle se trouvait un mât soutenu par trois cordages
(ce sont encore à peu près les armes actuelles de la ville de Paris).
(V. *Histoire de l'Hôtel-de-Ville*, liv. III, chap. 1er, p. 234).

es conjurés se jettent sur le Maréchal de Champagne et le tuent au pied
même du lit du Dauphin (page 113).

du château et firent passer le prince prisonnier par le même chemin. Le lendemain, ils étaient avec lui à Amiens, où il prononça un discours qui arracha à la foule des larmes de pitié.

Cependant, Etienne Marcel, qui croyait avoir besoin d'une épée pour tenir en échec toute cette belliqueuse noblesse, récemment ralliée au Dauphin, avait hâte de voir cette épée à Paris. Aussi fit-il tant et si bien qu'il finit par vaincre les répugnances du duc de Normandie et par lui arracher un sauf-conduit autorisant « son très cher cousin, Charles, roy de Navarre », à rentrer dans Paris avec une suite d'hommes armés ou non armés, suivant son bon plaisir.

Le 29 novembre, ce captif de la veille, que tous ses malheurs avaient encore rendu plus intéressant et plus populaire, faisait dans Paris, au milieu des acclamations frénétiques des bourgeois et des artisans, une entrée solennelle qui ressemblait à une marche triomphale. C'était une véritable ovation dont cet esprit fécond en ressources ne manqua pas de tirer profit. Immédiatement, il convoqua « toutes manières de gens », près de l'abbaye de Saint-Germain-des-Prés, où il était descendu, pour les « prêcher » (haranguer). Il y avait là, adossé au mur qui fermait le Pré-aux-Clercs, un échafaud destiné au roi de France quand il présidait aux duels judiciaires. Ce fut de là que parla le roi de Navarre, devant le duc de Normandie et plus de dix mille personnes accourues de tous les points de la Cité. Il « prêcha » en latin, langue que tout le monde entendait alors, prenant pour texte ce verset des psaumes : « *Le Seigneur est juste et il aime la* » *justice; il voit l'équité devant sa face.* » Tout le discours ne fut qu'une longue apologie personnelle, accompagnée d'une peinture éloquente des souffrances de la captivité et d'allusions méchantes à l'injuste haine du duc de Normandie. « L'orateur, » dit Perrens, n'avait pas besoin de se compromettre par des » accusations ouvertes : la finesse des Parisiens comprenait tout » à demi-mot. » Aussi, le roi de Navarre eut-il facilement cause

gagnée. Fières d'être prises pour juges d'une querelle prin-
cière, les milices municipales que Marcel avait convoquées là,
par l'intermédiaire des quarteniers et des cinquanteniers, se
laissèrent séduire par la faconde de Charles le Mauvais. Pendant tout le temps qu'il parla, temps fort long, paraît-il, puisque le « sermon », commencé à l'heure des vêpres, n'était
pas encore fini « à l'heure où les Parisiens ont coutume de
souper », les applaudissements enthousiastes des auditeurs
lui prouvèrent — et prouvèrent en même temps à son rival —
que le courant de l'opinion populaire était tout en sa faveur.

Même il se manifesta avec tant de force que les chefs de la
bourgeoisie, entraînés par lui, durent aller sommer le Dauphin
de se réconcilier solennellement avec le Navarrais. Aveuglé
par la colère, le duc de Normandie allait probablement
répondre par un refus péremptoire et maladroit, quand
Robert Lecoq, « qui estoit maître et principal ès-conseil de
» Monseigneur le Duc », prit sur lui de promettre, sans avoir
consulté personne, qu'il serait fait ainsi que les « bonnes
» gens de Paris » le désiraient. Une entrevue eut lieu, le
2 décembre, entre ces frères ennemis, que, seule, la raison
d'Etat forçait à s'embrasser. Cependant, le Dauphin refusait
encore de rendre à son cousin les forteresses et les terres
qu'on lui avait autrefois confisquées et de lui payer l'indem-
nité qu'il réclamait à titre de dédommagement des mauvais
jours de la captivité. Ce fut encore Marcel qui trancha la
difficulté en disant brutalement au Dauphin: « Sire, faites
» amiablement au roi de Navarre ce qu'il vous requiert, car
» il convient qu'il soit ainsi. » Il fallut s'exécuter. Le roi de
Navarre exigea, en outre, que les corps de ses amis, pendus
au gibet de Rouen, par ordre du roi Jean, fussent inhumés
en terre sainte, et leurs biens rendus à leurs enfants ou héritiers, et qu'une amnistie générale fût accordée à tous les
prisonniers détenus pour dettes, coups, vols, meurtres, ou
pour d'autres causes encore. Le Dauphin consentit à tout,
n'osant pas faire autrement.

Il comptait, d'ailleurs, détruire les fâcheuses conséquences de ces concessions obligatoires, en recourant plus tard à son procédé favori, qui consistait à envoyer secrètement à ses officiers des instructions contraires aux ordres qu'il leur avait donnés publiquement. C'est ainsi que les gouverneurs des villes normandes qui devaient être, d'après le traité de réconciliation, restituées au roi de Navarre, refusèrent de lui ouvrir les portes, quand il se présenta pour en reprendre possession. Il eut plus de succès à Rouen, où il était allé pour faire rendre les honneurs funèbres aux cadavres de ses amis suppliciés. Cela fit une cérémonie imposante. Les cercueils furent portés, en grande pompe, à la cathédrale : le roi suivait à pied, accompagné d'une foule immense, tenant des cierges allumés et psalmodiant les prières des morts. Après le service religieux, Charles le Mauvais prononça un nouveau « sermon » du haut d'une fenêtre de l'abbaye de Saint-Ouen. C'était le 28 décembre, fête des saints Innocents. Aussi parlat-il sur ce texte de l'Écriture : « Des innocents et des justes » s'étaient attachés à moi, parce que je tenais pour vous, ô » Seigneur ! » Son talent oratoire fit sur la multitude une profonde sensation, d'autant plus profonde et durable qu'il eut l'habileté, afin d'achever de se gagner les cœurs, d'inviter à dîner, en manière de péroraison, le maire de Rouen, qui était un simple marchand de vin.

Dès lors, il se sentait assez fort pour rompre en visière avec le duc de Normandie, et recommencer la guerre civile.

Pendant ce temps-là, à Paris, la situation s'envenimait. Les deux partis en présence se préparaient à en venir aux mains. Etienne Marcel réunissait tous ceux qui lui étaient dévoués dans une grande confrérie, sous l'invocation de Notre-Dame. De son côté, le duc de Normandie s'entourait d'hommes d'armes. Il en avait plus de deux mille à sa solde, sans compter les nobles à sa dévotion, qu'il gardait au Louvre, au lieu de les envoyer donner la chasse aux brigands qui infestaient les environs de Paris. Il cherchait, au surplus, à en faire retomber toute la responsabilité sur Etienne Marcel, qui, disait-il, ne lui donnait pas les moyens de mettre sur pied des forces assez respectables pour oser s'aventurer dehors !

Puis, il s'avisa un beau jour d'imiter le roi de Navarre et d'essayer l'effet de son éloquence sur les Parisiens. Le 11 janvier, il fait annoncer tout d'un coup dans les rues que, le soir même, il se rendra aux Halles, pour « prêcher » le peuple. Là, il assura ses auditeurs qu' « il vouloit vivre et mourir avec eulx ». Jamais, à l'entendre, il n'avait songé à employer ses hommes d'armes autrement que pour combattre les ennemis et les pillards. S'il n'avait pas réussi à délivrer le royaume, c'était de la faute de « ceulx qui avoient le governement, » qui administraient les finances de la nation et gardaient l'argent pour eux. Bref, il conclut en disant qu'il était résolu à reprendre son autorité sur les usurpateurs et à gouverner seul.

La parole froide du Dauphin ne pouvait soulever la foule comme la verve passionnée du roi de Navarre. Cependant, comme le peuple hait toujours, d'instinct, ceux qui lui demandent de l'argent et des sacrifices, et comme le Dauphin avait eu l'habileté de rejeter sur les Etats toute la responsabilité du vote des impôts et de la gestion financière, ce discours ne laissa pas de produire un assez fâcheux effet. Etienne Marcel, ne pouvant pas rester sous le coup de ces accusations doublées de menaces, s'empressa de réagir. Dès le lendemain, il convoquait à son tour la population à Saint-Jacques de l'Hôpital (rue Saint-Denis, près la rue Mauconseil). Le Dauphin, relevant le défi, s'y rendit en personne, acceptant ainsi de soumettre la dispute à l'arbitrage du peuple, ce qui n'était pas apparemment le meilleur moyen de relever le prestige du pouvoir royal. Il réclama le privilège de parler le premier, et fit répéter son discours de la veille par Jean de Dormans, chancelier de Normandie, ajoutant seulement, pour couper court aux commentaires malveillants répandus dans la ville, qu'il ne demandait pas mieux que de s'acquitter des engagements pris envers le roi de Navarre.

Avec une modestie qui n'était pas dénuée d'habileté, Etienne Marcel ne répondit pas tout d'abord, mais céda la parole à l'échevin Charles Toussac, dont l'éloquence était déjà célèbre. Mais le Dauphin n'attendit pas la réplique : il se leva aussitôt et partit avec sa suite, ce qui souleva les murmures de la foule. — Quand le silence fut rétabli, Toussac commença contre le duc et ses officiers un véritable réquisitoire, en les accusant d'être des ennemis du peuple. « Il y a tant de mau- » vaises herbes, dit-il, que les bonnes ne peuvent fructifier. » Et l'auditoire d'applaudir !

Après Toussac, Marcel prit lui-même la parole, pour réfuter l'accusation de malversation que le duc avait portée contre lui et contre d'autres membres des Etats. Il prouva que ni lui ni aucun de ses collègues n'avait pu détourner d'argent, puisqu'ils n'avaient pas le maniement des sommes levées sur la nation, mais seulement le contrôle de la perception (ordonnance de décembre 1355). Les fonds restaient donc entre les mains des receveurs, choisis hors de l'assemblée, et, par conséquent, à la disposition du Dauphin, pourvu qu'il justifiât de l'usage qu'il en voulait faire. Jean de Sainte-Haude, l'un des gouverneurs de l'aide instituée par les Etats, se leva spontanément pour confirmer les dires du prévôt des marchands et pour reprocher, en revanche, à certains officiers royaux, d'avoir largement puisé dans le trésor public. Il en nomma d'aucuns qui, sur cet argent, que la France donnait pour la défense du territoire, avaient touché jusqu'à cinquante mille écus d'or !

Ces révélations inattendues soulèvent l'indignation de l'assemblée. Alors, Charles Toussac, voulant obtenir une dé- monstration significative, se tourne vers Etienne Marcel et le montrant du doigt à la multitude : « Vous le voyez, dit-il, » votre prévôt est un honnête homme, ses intentions sont » droites et pures ; il n'a d'autre ambition que celle de servir

» la cause du peuple. Cependant, si vous ne voulez pas le sou-
» tenir, il ne lui restera plus qu'à chercher son salut là où il
» pourra le trouver. » — Là-dessus, s'élève une clameur
unanime enthousiaste : « Nous le soutiendrons et porterons
» contre tous ! »

C'est ainsi que l'assemblée de Saint-Jacques fut pour Etienne
Marcel une victoire complète.

Une pareille situation ne pouvait **évidemment** se prolonger
longtemps sans amener un éclat.

Noble.

CHAPITRE IX

La Révolution communale (*Suite*).

Dans un moment où les passions étaient aussi vivement surexcitées, il eût suffi d'une étincelle pour les enflammer. Il se trouva que ce fut un événement tragique, mais qui, cependant, étant données les mœurs du temps, n'aurait pas dû émouvoir toute une grande ville, qui porta la crise à l'état aigu.

Un jeune clerc, nommé Perrin Marc, employé chez un changeur, ayant vendu, pour le compte de son maître, deux chevaux au duc de Normandie, Jean Baillet, trésorier intime de celui-ci, refuse de payer le prix convenu. Que fait Perrin Marc? Après plusieurs sommations restées sans résultat, il s'en va attendre Jean Baillet dans la rue Neuve-Saint-Merry, et lui réclame publiquement son argent, en accompagnant sa réclamation de menaces significatives. Jean Baillet lui répond par un refus catégorique. Alors, outré de colère et sachant bien que la justice se fait toujours la complice des puissances, Perrin Marc tire son couteau, frappe Baillet à l'aisselle et le tue roide.

C'était son droit strict. La grande ordonnance n'avait-elle pas aboli le droit de prise et consacré le droit de revendication armée?

Tel ne fut pas l'avis du Dauphin. Méprisant les conseils de

la prudence, il envoya Robert de Clermont, maréchal de Normandie, avec une escorte de soldats, saisir le pauvre Perrin Marc dans l'église Saint-Merry. où il s'était réfugié. Cette église était pourtant un lieu d'asile. Aussi le clergé, jaloux de sa prérogative, en avait-il fait fermer les portes. Mais les gens du duc les enfoncèrent, et, malgré les protestations de la foule, s'emparèrent de Perrin Marc qu'ils pendirent, après lui avoir coupé le poing.

Cet acte audacieux et arbitraire excita également l'indignation du peuple, qui approuvait Perrin Marc d'avoir défendu par la force un droit sacré, et du clergé qui ne pouvait pardonner au Dauphin la violation des immunités ecclésiastiques. L'évêque de Paris excommunia Robert de Clermont et exigea qu'on lui rendît le cadavre du supplicié. Des bourgeois et des clercs allèrent le chercher à Montfaucon et le ramenèrent à Saint-Merry, où on lui fit de pompeuses funérailles. Etienne Marcel y assista, tandis que le duc de Normandie suivait le convoi de Jean Baillet.

Les deux partis se bravaient ouvertement. Une collision semblait imminente. Pourtant, elle n'eut pas lieu. Mais cet incident tragique allait renforcer le parti populaire, en lui ménageant l'alliance définitive du clergé et de l'Université. Le premier acte de cette alliance fut l'autorisation donnée par l'évêque à Marcel de joindre des statuts politiques aux statuts, exclusivement religieux jusque-là, de sa confrérie de Notre-Dame. C'était là un instrument d'une puissance énorme, entre les mains du prévôt des marchands.

De son côté, le Dauphin, qui s'abandonnait de plus en plus aux instigations de ses familiers, tout en affectant de consentir en termes vagues à tout ce qu'on lui demandait, s'apprêtait secrètement à la résistance.

C'est sur ces entrefaites, au milieu de toutes ces haines et de toutes ces vengeances aux aguets, que s'assemblèrent les Etats, le 11 février 1358, jour fixé pour leur nouvelle réunion.

Remarque caractéristique. L'abstention systématique des nobles, à la précédente session, se change en hostilité directe. L'aristocratie juge le moment venu de rompre en visière avec le Tiers-Etat, de s'opposer à toutes les réformes nouvelles et de prendre ouvertement parti pour le Dauphin. Elle comptait sans doute sur le mécontentement des provinces et sur les forces considérables réunies autour du duc de Normandie, pour combattre et vaincre le parti populaire.

Les Etats firent peu de besogne. Ils se contentèrent d'apporter quelques modifications au système adopté précédemment pour la levée des impôts, décidant que le clergé paierait un demi-dixième de son revenu pendant un an ; que, dans les villes fermées, soixante-cinq feux (familles) entretiendraient un homme d'armes, et cent feux dans les campagnes. Enfin, il fut convenu que le Dauphin prendrait le titre de « régent ». C'était, sans doute, pour augmenter sa responsabilité et lui enlever tout prétexte d'inaction, en le dispensant de la tutelle du roi son père, prisonnier à Londres.

Cependant, la situation restait épouvantable. A Paris, la misère était horrible, les vivres rares et chers, à cause de l'entassement de la population, qui s'augmentait tous les jours d'un grand nombre de pauvres gens des campagnes, qui venaient y chercher un refuge. Les Anglais et les brigands tenaient la plus grande partie de la province, qu'ils traitaient en pays conquis, pillant et détruisant tout à leur guise, s'avançant jusqu'aux portes des villes, arrêtant les convois, empêchant les communications et les approvisionnements. Aussi, partout couvait-il une haine féroce contre ces nob'es frivoles et insolents qui, chamarrés de plumes et de perles fines, gaspillaient le budget de la guerre pour payer leurs plaisirs, passaient le jour à jouer à la paume ou aux dés et se livraient la nuit à la débauche et à l'orgie, insultant ainsi par leur luxe et leurs fêtes aux souffrances des travailleurs.

Ce fut le régent lui-même qui mit le comble à la mesure,

en rendant, le 22 février, une nouvelle ordonnance qui alté-
rait une fois de plus les monnaies.

Aussitôt la ville s'agite, les travaux s'interrompent, une
foule menaçante se répand dans les rues. Marcel et ses amis,
gagnés par cette contagion de colère, convoquent les gens
de métiers à se réunir le lendemain, à Saint-Éloi, près du
palais. Trois mille artisans, au moins, viennent en armes, au
rendez-vous. Là, il se fait, entre les chefs de groupes, une
entente mystérieuse : le peuple prononce contre les conseillers du régent, dont il ne pouvait obtenir régulièrement
vengeance ni justice, une sentence de mort, sans même
vouloir surseoir à l'exécution.

Tout d'un coup, le bourdon de Notre-Dame s'ébranle ; on
entend retentir le sinistre appel du tocsin. A ce signal, toute
cette multitude irritée, avec Etienne Marcel à sa tête, marche
sur l'hôtel du Dauphin. En quelques minutes, les apparte-
ments sont envahis, et le prévôt des marchands, suivi des
émeutiers les plus énergiques, arrive en présence du duc,
dans la propre chambre de celui-ci, où il reconnaît avec
indignation plusieurs des officiers mis en accusation par les
Etats. « Ne vous esbahissez pas, Sire, dit-il d'abord, des
» choses que vous véez, car il est ordené et convient que il
» soit faict. » Puis, en quelques paroles brèves mais véhé-
mentes, il retrace au régent le tableau lamentable des malheurs de la patrie, en le sommant de prendre immédiatement,
à l'endroit des ennemis, des traîtres et des pillards, une
résolution virile. Le régent, pâle et irrité, se contente, en
se tournant vers ses conseillers les plus haïs, de répondre
d'une voix ironique : « Je le ferois volontiers, si j'avois de
» quoy le faire ; mais c'est à celuy qui a les droicts et profits
» à avoir aussi la garde du roïaume ! » Là dessus, le prévôt
s'emporte, et se rappelant soudain la mission justicière
qu'il s'est chargé d'accomplir : « Faictes au bref, crie-t-il à
» ses partisans, ce pour quoy vous estes venus icy ! » Aussitôt,
les conjurés se jettent sur le maréchal de Champagne et le

ienne Marcel met sur la tête du duc de Normandie son chaperon rouge et bleu
(page 115).

tuent au pied même du lit du Dauphin. Le prince en fut tout
éclaboussé de sang. Le maréchal de Normandie s'était réfugié
dans un cabinet : on l'y poursuit et on lui fait subir le même
sort. Un troisième officier royal, Regnault d'Acy, avocat au
Parlement, parvient à s'échapper de l'hôtel et à se réfugier
dans la boutique d'un pâtissier de la rue de la Juiverie, près
de Saint-Landry. Mais la foule l'aperçoit, le suit et le met en
pièces.

Pendant ce temps-là, le Dauphin éperdu, croyant sa mort
prochaine, demande grâce à Marcel, en tremblant de tous ses
membres. « Sire, vous n'avez garde » ! répond le prévôt, à
qui la modération était revenue avec le calme, et qui, d'ailleurs, était loin d'avoir encore complètement perdu la reli-
gion du sang royal. Puis, il met sur la tête du duc son
chaperon rouge et bleu et prend le sien, qui était de brunette
noire à franges d'or, « et le porta tout celuy jour », ajoutent
les *Grandes Chroniques.*

Ne se croirait-on pas déjà à cette « journée » mémorable
du 20 juin 1792, où Louis XVI se coiffe du bonnet rouge et
boit un verre de vin à la santé de la Nation, pour détourner
la fureur des insurgés ? Allez donc dire, en présence de ce
singulier rapprochement, que l'histoire ne se répète pas ! Ce
n'est pas, au surplus, la dernière coïncidence que nous devions
relever en passant....

Les deux chroniqueurs qui affectent une si grande horreur
du sang et un si scrupuleux respect de la vie humaine, quand
ce sont des princes ou des « gens du monde » que menace ou
frappe le courroux de la foule, sauf à conserver une indifférence muette, sinon hostile, devant la mise en coupe réglée
de tout un peuple, ceux-là n'ont pas manqué de faire à
Etienne Marcel un crime impardonnable du meurtre des
maréchaux. Les plus sympathiques eux-mêmes osent à peine
plaider les circonstances atténuantes ou contester que cet
acte d'énergie ait terni sa gloire. Il est cependant hors de
doute que cette triple exécution était commandée au prévôt

des marchands, non seulement par le souci de sa propre
défense et de celle de ses amis et collaborateurs, mais
encore, ce qui a autrement d'importance, par l'intérêt même
de la Révolution et de la cause démocratique. Les maréchaux,
qui exerçaient sur l'esprit du régent la plus puissante et la
plus pernicieuse influence, n'auraient pas hésité longtemps,
si le poignard de justiciers improvisés n'avait pas violemment
tranché dans leur racine leurs complots criminels, à faire
arrêter et traîner au supplice les principaux agitateurs, et à
détruire, par la force, au profit de l'absolutisme, les quelques
réformes si péniblement conquises. Ce n'aurait pas été leur
premier coup d'essai, car on pouvait les rendre responsables
de la majeure part des malheurs de la patrie. Lâcheté, trahison, concussion, félonie, tyrannie, cruauté, violence et dol,
il n'était pas une scélératesse qui leur fût étrangère. Leur
existence seule était un danger public. En supprimant ces
grands coupables, en scellant de leur sang le pacte révolutionnaire des communiers de Paris, Etienne Marcel sauve-
gardait l'avenir, en même temps qu'il vengeait le passé. Il
usait d'un droit strict, du plus sacré de tous les droits, du
droit de légitime défense.

D'ailleurs, pourquoi faire peser uniquement sur lui toute la
responsabilité de cet acte de guerre? La mort des maréchaux
ne fut pas le fait d'un « meneur », mais le fait de toute une
population exaspérée. De même, les massacres de septembre
1792, accomplis dans des circonstances analogues, sinon plus
critiques et plus dramatiques encore, comme une précaution
nécessaire, afin de ne pas mettre entre deux feux les défenseurs de la patrie, ne peuvent être raisonnablement imputés
à Danton ni à Marat... Ces tempêtes justicières sont toujours
œuvres anonymes, œuvres impersonnelles.

Dans l'espèce, il est certain que le meurtre des officiers
royaux avait été décidé dans l'assemblée des métiers à Saint-
Eloi et que Marcel ne fut que l'instrument de la colère de la
foule. La meilleure preuve, c'est que quand, en sortant du

palais, il traversa la ville, partout, sur son passage, les Parisiens l'acclamèrent. Il se rendit à la Maison des Piliers, sur
la place de Grève, et là, du haut d'une fenêtre, il prononça une
harangue, dans laquelle il déclara que les meurtriers avaient
agi pour le bien commun, et que ceux qu'on avait tués étaient
faux, mauvais et traîtres, en invitant le peuple à le soutenir.
Ce discours explicatif fut accueilli par des cris enthousiastes
poussés de toutes parts : « Nous avouons le fait et nous le
» soutiendrons ! »

Certain, dès lors, de ne pas rester sans appui, Marcel retourna au palais avec une foule de gens armés qui l'atten-
dirent en bas, dans la cour. Le Dauphin était plein de saisis-
sement et de douleur. « Ne vous affligez pas, Monseigneur,
» lui dit le prévôt, de ce qui est arrivé ; ce qui s'est fait s'est
» fait de par la volonté du peuple et pour épargner de plus
» grands malheurs. » Et il ajouta, parlant toujours au nom
du peuple, qu' « il voulsist ratifier ledict faict et estre tout un
» avec eulx ».

Le jeune prince, si réfractaire la veille à tous les conseils
et à toutes les requêtes, octroya tout ce qu'on lui demandait
ainsi, « et luy pria que ceulx de Paris voulsissent être ses
» bons amis et il seroit le leur ». Il était maté. On ne vient
pas autrement à bout des grands de la terre...

Comme conclusion de cette alliance forcée, Marcel fit don
au régent (n'oublions pas qu'il était marchand drapier !) de
deux pièces de drap, l'une rouge, l'autre bleue, pour qu'il
fît faire à tous ses gens des chaperons aux couleurs nationales. Le prince allait porter la livrée du peuple !

Aucune protestation, au surplus, ne s'éleva contre ce qui
avait été fait. Les bourgeois et les députés des « bonnes
villes », le Parlement et l'Université applaudirent, au contraire. En même temps, tous les nobles qui occupent des
fonctions quelconques sont destitués et remplacés par des
membres du Tiers-Etat ; on rappelle le roi de Navarre, dont
le duc de Normandie est contraint d'écouter et de satisfaire

les réclamations. En un mot, c'est le peuple de Paris qui, tout en conservant encore un semblant de respect pour la majesté royale, gouverne effectivement par ses mandataires et fait partout prévaloir ses volontés.

La noblesse ne pouvait entendre de cette oreille-là. Le meurtre des maréchaux fut le prétexte qu'elle saisit pour s'agiter, murmurer, ourdir de nouvelles intrigues. A Paris, ces œuvres n'eurent d'autre résultat que de provoquer la défiance et l'indignation des gens des métiers, qui s'assemblaient souvent en armes et proféraient contre les conspirateurs les menaces les plus terribles. Ceux-ci prirent peur et finirent par quitter la ville. L'aristocratie s'essayait, pour la première fois, à l'émigration.

En province, elle était plus à craindre. Les mensonges et les calomnies qu'elle répandait à profusion réussirent, dans nombre de lieux, à tromper la bourgeoisie elle-même sur ses véritables intérêts. A force d'entendre répéter que Marcel et ses amis avaient pour but de massacrer le régent, ses serviteurs, ses officiers et tout ce qu'il y avait d'« honnêtes gens » dans le royaume, que les communiers de Paris étaient des bandits, des assassins, des pillards, qui mettaient la ville à feu et à sang, bref toutes ces accusations clichées qui de tout temps ont été sournoisement lancées contre les amis de la liberté, les artisans des provinces finissaient par y croire et par voir des ennemis mortels dans les hommes courageux qui combattaient pour leur cause.

Le régent, pour lequel la place n'était plus tenable, méditait de prendre la fuite et d'aller rejoindre ses amis, absolument comme plus tard Louis XVI devait aller chercher un refuge à l'armée de Condé. Mais, plus heureux que le dernier des Capets, le régent, qui, grâce à la connivence largement payée de Jean Perret, maître des arches du Grand-Pont, était parvenu à s'échapper secrètement de Paris, la nuit du dimanche des Rameaux, dans une barque, ne fut pas arrêté à Varennes.

Immédiatement, il convoque des Etats provinciaux à Provins. Etienne Marcel, qui venait de punir de mort Philippot de Repenti, Thomas Fougnant et Jean Perret, coupables d'avoir favorisé l'évasion du duc, osa envoyer deux délégués parisiens à cette assemblée « rurale ». Il est vrai qu'on choisit deux clercs, Robert de Corbie et Pierre de Rosny, pour accomplir cette mission dangereuse, et que, dans les idées du temps, la personne des clercs était inviolable. Cependant les deux émissaires coururent les plus grands périls. Les députés réunis à Provins étaient en bien petit nombre, puisque, disent les chroniqueurs, « le régent put les inviter tous ensemble à dîner », mais la noblesse y dominait.

Robert de Corbie et Pierre de Rosny ayant eu le courage de justifier publiquement le meurtre des maréchaux et de demander leur alliance aux Champenois, leurs paroles soulevèrent un orage. Simon, comte de Braîne, demande au Dauphin si les officiers exécutés avaient mérité la mort. Le prince, qui avait encore présente à la mémoire cette scène sanglante, et ne se sentant pas rassuré même au milieu de ses amis, n'osa pas affronter la colère du terrible prévôt. Aussi ne répondit-il pas catégoriquement à la question, se contentant de balbutier que les maréchaux l'avaient toujours loyalement servi. Cette misérable équivoque suffit aux seigneurs, qui s'en armèrent pour menacer de mort les amis de Marcel et réclamer du régent la promesse qu'il ferait bonne et prompte justice des meurtriers. Les délégués parisiens purent pourtant se retirer sains et saufs, parce que le courage manqua aux nobles pour mettre leurs menaces à exécution, mais ils s'en allèrent outrés de fureur et assoiffés de vengeance, n'ayant pas d'autre conseil à donner à leurs commettants que le conseil de prendre immédiatement les armes.

Il ne pouvait plus, en effet, y avoir de transaction entre Paris et la Cour. Déjà le régent, à l'instigation de la noblesse, commençait les hostilités, en occupant, par surprise, la forteresse, ou, comme on disait alors, le *marché* de Meaux,

dont la possession permettait à celui qui l'occupait d'affammer
Paris, puisque cette place d'armes, qui mesurait deux mille
cinq cents mètres de circonférence, commandait absolument
le cours de la Seine.

Furieux d'un échec qu'il aurait pu prévenir en occupant à
l'avance une ville dont le maire, Jean Soulas, était absolument dévoué à la cause démocratique, Marcel sut répliquer
en prenant des mesures de défense d'un caractère tout aussi
belliqueux. Il fit immédiatement achever les fortifications de
Paris, fit fermer les portes d'Enfer, de Saint-Victor, de Saint-
Germain, détruisant les édifices qui touchaient aux remparts et transformant en fossés les chemins de ronde. Toutes
ces mesures de défense furent opérées avec l'approbation
et l'aide des ordres religieux, quoique plusieurs d'entre eux,
— comme les Jacobins de la rue des Grès (rue Cujas), les
Cordeliers qui occupaient l'emplacement de la rue actuelle
de l'Ecole-de-Médecine, les Chartreux, dont la maison s'élevait où l'on voit aujourd'hui le bal Bullier, — dussent en
souffrir particulièrement. Mais, comme dit M. Perrens,
« c'était le temps où le bas clergé et les moines faisaient.
» cause commune avec les faibles : ils n'avaient pas encore
» embrassé le parti du plus fort ».

L'argent manquait pour tous ces travaux immenses. C'est
alors que Marcel emprunta mille *moutons d'or* au grand-
prieur de Jérusalem, négociation dont le succès fut d'autant
plus remarquable, que le régent ne pouvait trouver personne
qui voulût lui prêter de l'argent.

Après avoir ainsi assuré, pour quelque temps, les services
municipaux, le prévôt des marchands songeait à frapper un
grand coup, quand le duc de Normandie lui en fournit lui-
même l'occasion. Le 18 avril, en effet, il apprit que Jean de
Lions, le sergent d'armes qui avait la garde de l'artillerie du
Louvre, avait reçu l'ordre de la conduire secrètement à Meaux,
où le régent l'attendait, pour en faire quel usage ? on le de-
vine sans peine. Aussitôt, il ordonne à ses partisans de se

transporter au Louvre, de mettre l'embargo sur ces engins
de guerre et de lui ramener le traître Jean de Lions, mort ou
vif. Celui-ci réussit bien à s'échapper, mais l'artillerie fût
capturée.

Là-dessus, Etienne Marcel écrit au régent une lettre ren-
due publique, et qui, sous des formes polies et pacifiques,
ressemble terriblement à une déclaration de guerre. « Très
» redouté seigneur, y est-il dit, nous certifions en vérité que
» votre peuple de Paris murmure très grandement de vous et
» de votre gouvernement pour trois causes : l'invasion du
» païs de France par les Anglois, le pillaige du roïaume par
» les bandes de brigands et routiers, et les préparatifs faicts
» par vous pour réduire les *villains* de Paris... Si vous
» plaise savoir que les bonnes gens de Paris ne se tiennent
» pas pour villains et sont prudhommes et loyaux, et tels
» vous les avez trouvés et trouverez ; et disent outre que *tous*
» *ceux sont villains qui font les villenies...* Vous feriez mieux,
» vous et les gens d'armes qui sont en vostre compagnie, de
» combattre l'étranger que de vous saisir de forteresses en
» gouvernement de très bonnes gens, et qui ne coûtoient rien
» à garder... »

Cet ultimatum, plein de « paroles laides, rudes et malgra-
» cieuses », n'était pas de nature à amener la conciliation.
D'ailleurs, les passions étaient surexcitées jusqu'au paroxysme
des deux côtés, et si le langage du prévôt était impérieux et
fier, certaines missives expédiées par le régent, et saisies à
la porte de Paris, faisaient voir que ses dispositions et celles
de *sa* noblesse étaient de ne rien épargner, si jamais ils avaient
le dessus. On n'y parle rien moins que de « rogner les on-
gles à ces villains de Paris ». Le manifeste de Brunswick,
quoi ! par anticipation...

Cette furie de réaction se manifesta avec plus de violence
encore lors de la nouvelle réunion des Etats-Généraux que le
régent avait convoqués à Compiègne pour le 4 mai 1358 [1]. Là

[1] Quoique sous l'influence d'une réaction royaliste, les Etats de Com-

encore, les nobles vinrent presque seuls. Ils sommèrent le
duc de Normandie de tirer une vengeance éclatante du meurtre des maréchaux et d'exclure de son conseil Robert Lecoq
qui venait d'y reprendre sa place. Peu s'en fallut même que,
sans respect pour son caractère ecclésiastique, ce qui, cependant, à une époque où les préjugés religieux avaient tant d'empire, équivalait à un gage d'inviolabilité, ils ne lui fissent,
séance tenante, payer de sa vie sa fidélité à la cause démocratique. Robert Lecoq dut fuir devant l'orage. Mais son
départ n'apaisa point ces rancunes. Un acte d'accusation, qui
ne comptait pas moins de quatre-vingt-onze considérants,
véritable chef-d'œuvre de haine et de sottise, fut dressé contre l'évêque de Laon, afin de servir d'instrument toujours
prêt pour le perdre.

Ce n'est pas tout. On proposa d'assiéger et d'affamer Paris
jusqu'à ce que les habitants consentissent à livrer leurs chefs.
Le régent exigeait d'abord douze têtes, ni plus ni moins. Ces
atroces conditions ayant reçu des Parisiens l'accueil qu'elles
méritaient, le Dauphin restreignit ses exigences, demandant
qu'on lui livrât seulement cinq ou six des plus coupables, et
promettant, d'ailleurs, qu'il ne les ferait pas mourir... On ne
pouvait pas évidemment traiter sur de pareilles bases, surtout
après les preuves de mauvaise foi que le duc et ses amis
avaient si souvent données.

Désormais, et malgré les efforts de l'Université pour amener une conciliation impossible, la guerre, la guerre sans
merci, était imminente entre la Cour et le peuple de Paris.

piègne se prononcèrent, comme les assemblées précédentes, contre les
principaux abus. Ils consentirent bien à la révocation des pouvoirs accordés
aux trente-six, mais ils réservèrent à leurs commissaires la perception et
l'emploi des aides votées par eux, et ils exigèrent du Dauphin l'ordonnance
de Compiègne (14 mai 1358), qui défend les altérations des monnaies, soumet
l'administration financière au contrôle des États et ordonne aux présidents
du Parlement d'expédier les affaires les plus urgentes pendant l'intervalle
des sessions, qui n'avaient lieu que deux fois par an.

CHEVALLIER et TODIÈRE, *Précis de l'histoire de France du moyen âge et des
temps modernes*, p. 35).

C'est ce qui atteste clairement que le besoin de réformes devenait conta-
gieux.

Ce fut Etienne Marcel qui donna le signal des hostilités en prenant lui-même l'offensive. Il s'empara, par un coup de main, du château du Louvre, qui menaçait la ville du côté du couchant, et rattacha cette forteresse aux murailles de la ville par des ouvrages avancés. Les portes qui conduisaient à la Seine, et par lesquelles le régent introduisait ses émissaires, furent fermées et le faubourg Saint-Victor rasé. Pendant ce temps-là, Etienne Marcel levait des soldats partout et achetait des armes...

C'est alors qu'une diversion puissante vient apporter à la révolution bourgeoise un secours inattendu. Au moment où la querelle semblait se limiter entre la noblesse et la commune, un tiers se leva tout à coup auquel personne n'avait songé : le paysan !

Artisan.

CHAPITRE X

La Jacquerie.

L'excès des maux sans nombre que le paysan endurait depuis des siècles venait d'amener enfin une explosion terrible de haine et de colère.

« Les souffrances, dit éloquemment Michelet, avaient dé-
» passé la mesure ; tous avaient frappé dessus, comme sur
» une bête tombée sous la charge : la bête se releva enragée et
» elle mordit. »

C'était le paysan qui payait tout. Son existence dépendait absolument du caprice arbitraire de ses seigneurs. Tous les jours c'étaient de nouvelles corvées, de nouvelles redevances, sans compter les impositions extraordinaires, pour la levée desquelles tout servait d'occasion ou de prétexte. Quand le noble mariait sa fille, quand il armait son fils chevalier, quand il donnait une fête ou qu'il partait en guerre, sur qui retombaient tous les frais? Sur le paysan. Au paysan également de payer les dettes du maître et de solder les énormes rançons qu'il promettait sans marchander, quand le sort des armes ne lui avait pas été favorable. Et quand ses maigres ressources semblaient épuisées, est-ce qu'on n'avait pas le fouet, les oubliettes, les tenailles rougies au feu, tous les raffinements de torture alors en usage ? Tout était bon pour extorquer au serf son dernier denier, les dernières épargnes soigneusement dissimulées en prévision des mauvais jours.

Aucun recours, aucune protestation n'était possible. Le seigneur était souverain, dans l'acception la plus brutale du mot; le paysan était sa chose, dont il disposait à son gré, qu'il avait droit et moyens de pressurer, comme une éponge, jusqu'à la dernière goutte de sueur et de sang. « La campa-
» gne, dit un chroniqueur, est devenue comme une mer, où
» il ne règne d'autres lois que celles de la terreur ; où cha-
» cun n'a de seigneurie qu'à proportion qu'il a de force. »
Or, toute la force est aux mains du noble, qui en use et en abuse...

Quand il s'agit du serf, du vilain, du manant, pas de vio-lences, pas d'exactions, pas d'outrages qui ne soient permis. On lui prend tout ce qu'il a, tout ce qu'il a produit au prix d'un travail écrasant ; on le bat, on le torture, on insulte, sous ses yeux, sa femme, sa fille, aggravant encore toutes ces misères et toutes ces persécutions, de dérisions et de « gauseries ». Partout le paysan est connu sous le sobriquet de Jacques Bonhomme, à cause de son humilité et de sa ma-ladresse à manier les armes. « Jacques Bonhomme a bon dos, disent en riant les seigneurs, il souffre tout. » Le moment approche où cette appellation de grotesque deviendra ter-rible.....

Ruiné par son seigneur, Jacques Bonhomme n'est pas en-core quitte. A toutes ces souffrances ordinaires, transfor-mées depuis des siècles, en une sorte d'habitude, de tradition lamentable, venaient encore s'adjoindre des maux acciden-tels.

En première ligne, la famine, les famines plutôt, car ce fléau est passé à l'état chronique. Au quatorzième siècle, pour une période de quarante-sept ans, on compte vingt famines — plus d'une tous les trois ans — vingt famines hideuses, épouvantables, homicides, rendant la vie absolu-ment impossible au pauvre. Qu'on en juge !

Dans certaines années, un baril de harengs coûtait trente écus, et le blé avait valu jusqu'à vingt et un francs le boisseau — soixante-quatre livres. — Or, la journée de travail ne se payait pas plus de deux ou trois sous. Il aurait donc fallu, au moins, *cent cinquante journées de travail* pour acheter un boisseau de blé. Que faire ? On mourait de faim. Quelques-uns mangeaient de l'herbe, ou dépendaient les cadavres des suppliciés qu'ils disputaient aux loups et aux corbeaux... Des pères tuaient leurs enfants pour se nourrir... L'anthropophagie revenait...

La peste suivait de près la famine.

En 1348, c'est la *grand'mort*, la *peste noire,* dont Boccace a laissé un tableau si lugubre, qui moissonne en quelques jours « la tierce partie du monde », tant en France qu'en Italie. Paris perdit à lui seul 80,000 habitants, Avignon, 30,000, Lyon, 45,000. Comme remède, la royauté imagina de brûler les Juifs et de couper la langue aux blasphémateurs. Cette mesure hygiénique ne produisit aucun effet[1]. Comme dit le vieux dicton du pays de Bourgogne,

> En mil trois cent quarante et huit
> A Nuits de cent restèrent huit.

Ces chiffres sont d'une éloquence saisissante. Qu'on juge après cela des proportions que dut prendre la mortalité dans les campagnes, où la misère était pire que dans les villes !

Comme si tous ces désastres ne suffisaient pas encore, les horreurs de la guerre vinrent les aggraver. L'ennemi, que les seigneurs n'avaient pas su vaincre, occupait tout le pays, dévastant et pillant à son aise. Sauf Paris, qui ne ferma jamais ses portes aux fugitifs, même aux heures les plus critiques, la plupart des villes se refusaient de donner asile aux paysans chassés par l'invasion.

Puis, derrière les seigneurs et les Anglais, derrière la

---

[1] *Histoire des Prolétaires*, II, p. 584.

famine et la peste, venaient les brigands, les grandes compagnies de mercenaires licenciés, les bandes de routiers
cherchant aventure et fortune, enfin tous ceux qui faisaient
profession de pillage à main armée. Le métier n'était pas
déshonorant, et les personnages les plus distingués ne
dédaignaient pas de l'exercer à l'occasion. Quand il arrivait
à un noble de tomber par hasard entre les mains de ces
batteurs d'estrade, et qu'il avait trop sucé ses vassaux pour
pouvoir espérer encore tirer d'eux l'argent de l'énorme rançon
qu'on exigeait de lui, il s'acquittait en nature, sans pudeur
ni vergogne, et s'enrôlait dans la bande, dont il devenait
souvent le chef. Cela ne le changeait guère. Soldat et brigand
étaient alors deux termes synonymes. « Si Dieu le Père était
» homme. d'armes, disait le célèbre Lahire, qui a laissé son
» nom au valet de cœur de notre jeu de cartes, il se ferait
» pillard. »

Ecoutons un chroniqueur contemporain, le continuateur de
Nangis :

« Les céréales, dit-il, les légumes, les vignes, ni l'herbe
» des prés, ne réjoïssoient plus les yeux des hommes. On ne
» voyoit qu'ortes et chardons ; on ne voyoit qu'églises crou-
» lantes, que ruynes noircies par l'incendie ; on n'ouyssoit
» plus la voix sonore des cloches, sinon lorsque bondissoit
» le sinistre tocsin ; les plus belles et les plus riches abbayes
» étoient détruictes ou occupées par les gens d'armes... Mais
» la misère universelle tomboit principalement sur les peuples
» de la campagne, car leurs seigneurs leur arrachoient leur
» substance et leur povre vie pour les garantir du pillage ;
» aussi falloit-il payer triple tribut aux seigneurs, aux enne-
» mys et aux brigands pour pouvoir cultiver les champs et
» les vignes.... »

Et qu'on ne s'imagine pas que ces brigands qui ravageaient
ainsi le pays fussent des gens sans aveu, de petits compagnons. Nous venons de voir comment il arrivait que des
seigneurs s'enrôlassent par force dans leurs rangs. D'autres

Une chevauchée royale.

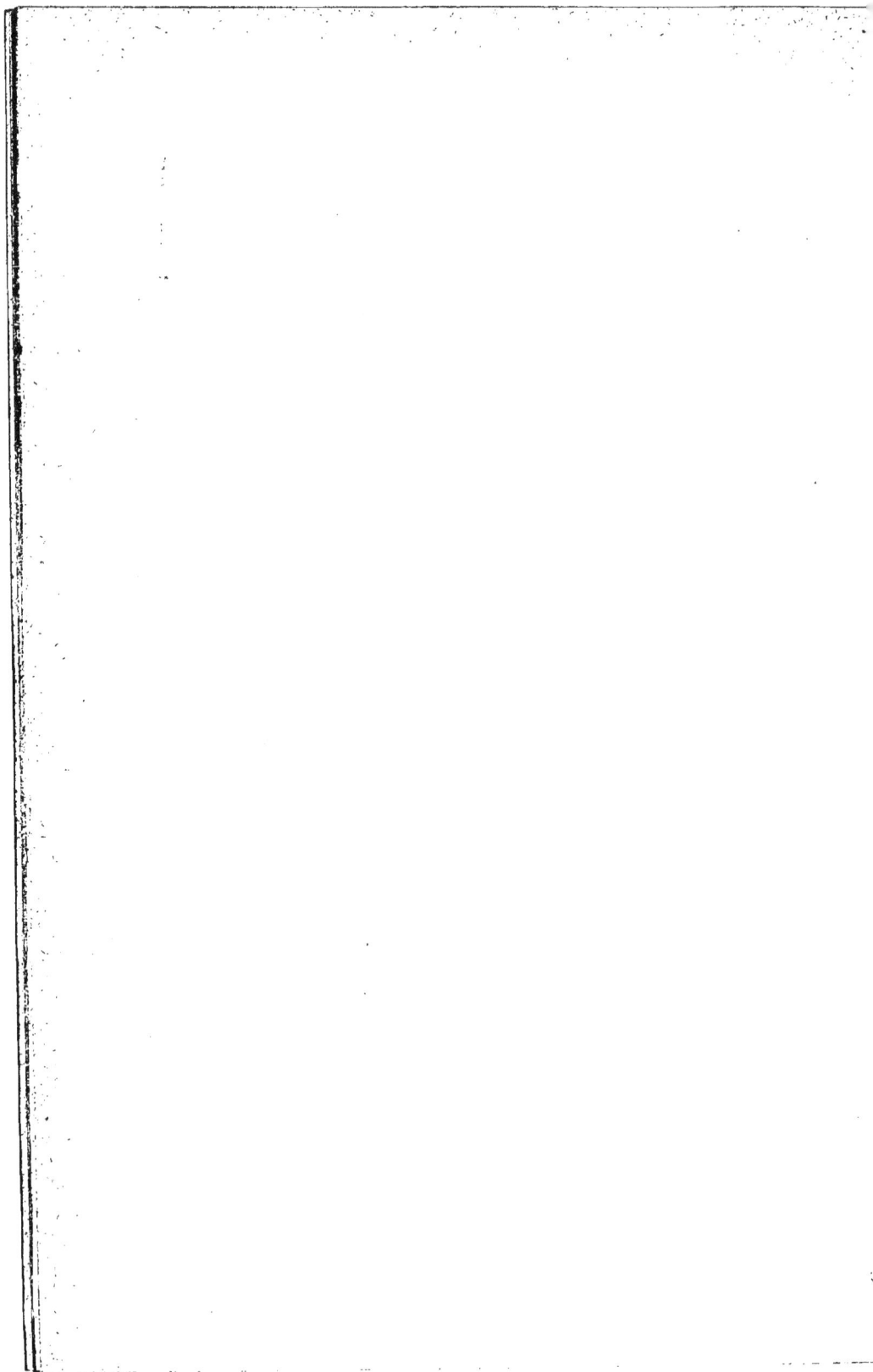

le faisaient par plaisir, en amateurs. Le roi de Navarre avait des brigands à sa solde. Son propre frère, Philippe de Longueville, pillait comme les autres. Arnaud de Cervoles, que le Pape invitait à dîner et qui recevait de son amphytrion des cadeaux de 40,000 écus, sans compter l'absolution de ses crimes, les Anglais James Pipes et Knolles, l'Allemand Albrecht, les Français Croquard et Eustache, sire d'Autrécicourt, l'amant d'une princesse de la famille royale d'Angleterre, appartenaient à des maisons du plus haut lignage. Les rois et les seigneurs faisaient cause commune avec eux, ils les patronnaient, les choyaient, les comblaient de faveurs et d'amitiés. En revanche, les brigands épargnaient les manoirs de l'aristocratie, sauf à se rattraper sur le menu peuple. Paix aux châteaux, guerre aux chaumières, telle était leur devise.....

« Tout estoit nostre, disait l'un d'entre eux, Aimérigot » Marchès, ou rançonné à nostre volonté. Tous les jours » avions nouvel argent. Les villains d'Auvergne ou de Limo- » sin nous pourvoyoient et nous amenoient en nostre châ- » tel les blés, la farine, le pain tout cuit, l'avoine pour les » chevaulx et la litière, les bons vins, les bœufs, les brebis » et les moutons tous gras, la poulaille et la volaille. Nous » étions governés et étoffés comme roys, et quand nous » chevauchions, tout le païs trembloit devant nous. Par ma » foi, cette vie estoit noble et belle ! »

Aussi, les historiens du temps, ceux-là même qui, tout à l'heure, quand les Jacques, à bout de patience et de douleur, vont lever l'étendard de la révolte et répondre à ces excès par des représailles vengeresses, n'auront pour eux que des calomnies et des anathèmes, en revanche, sont pleins de sollicitude pour ces pillards « comme il faut ». « Et toujours » gagnoient povres brigands », dit, par exemple, Froissart, qui s'intéresse à leurs aventures....

Après les brigands, venait le Roi. S'il voyageait, c'était encore sur le paysan que retombait le coûteux honneur de

l'héberger et de le nourrir, lui et toute sa suite. Le droit de
prise et le droit de chevauchée n'étaient pas des droits platoniques. Remaniait-on les monnaies ? Personne n'en souffrait
plus que les paysans, car, comme le fait fort exactement
remarquer M. Perrens, ce sont toujours ceux qui ont le moins
d'argent pour lesquels les variations de la valeur doivent être
le plus sensibles [1]... Malheur au serf qui, s'étant laissé
dépouiller déjà par les brigands, les seigneurs ou les Anglais,
n'avait plus de quoi satisfaire à toutes ces nouvelles exigences !
Il venait d'être obligé de « racheter le feu et son corps »,
c'est-à-dire de payer rançon pour échapper à l'incendie et à
la mort dont on le menaçait : mais le Fisc et la Justice, succé-
dant aux routiers, lui faisaient un crime d'avoir subi cette
obligation. On le déclarait coupable de lèse-majesté, et il lui
fallait encore acheter sa grâce à la chancellerie !

La terreur était telle que les paysans abandonnaient tout,
leurs chaumières et leurs champs. Les riverains de la Loire
passaient la nuit dans les îles ou dans des barques amarrées
au milieu du fleuve. Dans l'Artois, en Picardie, ils plaçaient
des sentinelles dans les clochers, afin que, du plus loin qu'elles
apercevraient un péril quelconque, elles sonnassent le tocsin.
Ces misérables, affolés de misère et de frayeur, avaient ainsi
le temps de se mettre à l'abri, c'est-à-dire de se cacher dans
des trous creusés dans la terre.

« Le long de la Somme, de Péronne à l'embouchure, on
» comptait encore, au siècle dernier, trente de ces souter-
» rains. C'est là qu'on pouvait avoir quelque impression de
» l'horreur de ces temps. C'étaient de longues allées voûtées,
» de sept à huit pieds de large, bordées de vingt ou trente
» chambres, avec un puits au centre, pour avoir à la fois de
» l'air et de l'eau. Autour du puits, de grandes chambres
» pour les bestiaux. Le soin et la solidité qu'on remarque
» dans ces constructions indiquent assez que c'était une des

[1] *Etienne Marcel*, p. 232.

» demeures ordinaires de la triste population de ces temps.
» Les familles s'y entassaient à l'approche de l'ennemi. Les
» femmes, les enfants y pourrissaient des semaines, des
» mois, pendant que les hommes allaient timidement au
» clocher voir si les gens de guerre s'éloignaient de la
» campagne » (*Michelet*).

Cependant les paysans n'étaient pas toujours aussi dociles.
De temps en temps, il s'en levait une bande dans un coin,
qui se jetait sur ses bourreaux, tuant tout ce qui avait la peau
fine et blanche. Quand on ne peut pas vivre en travaillant,
mieux vaut encore mourir en combattant. Malheureusement,
ces révoltes isolées, nées d'une fièvre furieuse et aveugle,
restaient fatalement impuissantes. Toutes, elles se peuvent
résumer par ces deux lignes sinistres du chroniqueur : « Les
» uns furent occis se deffendant, les autres ars (brûlés), les
» autres pendus ou étranglés... » Après, « il n'en fut plus de
» nouvelles ».

En 1358, cela fut plus grave. Jusqu'alors, les paysans
avaient cru naïvement à la supériorité de leurs maîtres,
auxquels il fallait bien reconnaître effectivement une certaine
valeur militaire. Mais, quand ils les eurent vus fuir honteuse-
ment sur maints champs de bataille et se faire battre à plates
coutures par des arbalétriers anglais ou flamands, c'est-à-
dire par des artisans et des paysans comme eux-mêmes, ils
commencèrent à douter de leur capacité et de leur bravoure.
Désormais le charme était rompu, le prestige de la noblesse
s'en allait, et le respect faisait place dans l'esprit de la masse
déshéritée, à un instinct nouveau, à l'instinct d'égalité.

D'autre part, la misère était devenue absolument intolérable.
Il n'y avait plus à manger nulle part, si ce n'est dans les châteaux. Le paysan affamé songea dès lors à forcer les châteaux.... La Jacquerie allait commencer...

Le 21 mai 1358, les « mesmes gens » des environs de
Beauvais et de Clermont-sur-Oise, qui, depuis plus d'un an,
s'excitaient les uns les autres, s'assemblèrent et dirent enfin

tout haut que ce serait grand bien de courir sus à tous ces nobles, filous et traîtres, qui « honnissaient » le royaume de France. Même ils vouèrent à l'exécration publique quiconque chercherait à s'opposer au massacre ou même à le retarder.

Ce furent les paysans des villages de Saint-Leu-en-Cérent, de Nogetel et de Cramoisy, qui donnèrent les premiers le signal de la révolte. Mais, en quelques jours, le mouvement avait gagné tous le Beauvoisis, l'Amiénois, le Vermandois, le Laonnais, la Brie, le Gâtinais, le Hurepoix et l'Ile de France.

Cent mille « villains » étaient debout, armés de bâtons, de fourches et de couteaux, pillant et brûlant les châteaux, y tuant tout, hommes, femmes, enfants, promenant partout la dévastation et l'incendie.

La vengeance des Jacques fut terrible. Aussi a-t-elle grandement indigné tous ces historiens « comme il faut » qui ont de si complaisantes indulgences pour les horreurs commises par les rois et les seigneurs. Les paysans n'avaient-ils pas, cependant, à payer à leurs maîtres un arriéré de plusieurs siècles ?

« Que des hommes qui souffrent se lèvent un jour exaspérés » par l'excès de leurs souffrances, la torche et la faux à la » main, se ruent sur leurs bourreaux et règlent le compte des » iniquités dont ils sont victimes, c'est bien !

» C'est de la justice sommaire, barbare, aveugle, tout ce » qu'on voudra ; mais c'est de la justice, et le premier senti- » ment que cela inspire, c'est la satisfaction de voir le crime » puni, le bourreau châtié. Le sang coule ? Tant pis ! c'est le » sang des assassins. Les châteaux brûlent ? Tant pis ! ce » sont les repaires des assassins. On tue des femmes et des » enfants ? Tant pis encore : ce sont les femmes et les enfants » des assassins.

» On punit des innocents ? Peut-être. Les générations sont » solidaires ; le serf souffre des tortures que ses pères ont » endurées ; le seigneur répond des crimes que ses pères ont

» commis, parce qu'il en profite, parce qu'il en recueille les
» fruits. Si le seigneur ne veut pas être responsable des abus
» du pouvoir féodal, qu'il abandonne ce pouvoir, qu'il quitte
» son manoir, qu'il se fasse serf à son tour, et partage la vie
» de ceux qu'il sait être injustement opprimés : à celui-là il
» ne sera rien fait ! Mais, s'il garde les richesses que ses pères
» ont volées, s'il continue à exercer le pouvoir qu'ils ont
» usurpé, s'il veut rester le maître de ceux qu'ils ont mis sous
» le joug, — alors il n'a plus le droit de se plaindre ; il
» approuve le mal qu'ils ont fait, mieux que cela, il en a le
» bénéfice. Donc, il en prend la responsabilité, et, s'il est
» frappé, il est frappé justement.

» Donc, cette fois, malheur aux vaincus ! Les vain-
» cus d'aujourd'hui sont les oppresseurs d'hier. C'est le
» sang qu'ils ont versé qui retombe sur leur tête. Encore
» une fois, c'est justice ! » (*Histoire des Prolétaires*, II,
p. 580.)

Oui, c'est justice ! Quand, pendant des siècles et des siècles,
un peuple tout entier de travailleurs, d'êtres utiles, a été foulé
aux pieds, martyrisé, saigné à blanc par une minorité d'usurpateurs, il est bien naturel qu'un jour il finisse par voir rouge
et par exercer sur ses bourreaux de la veille d'épouvantables
représailles. Pourquoi donc flétrir chez les victimes, révoltées
à la fin, quand elles ont vidé jusqu'à la lie la coupe d'an-
goisses, pourquoi donc flétrir chez ceux qu'une éternité de
tortures devrait rendre, au contraire, les plus excusables, des
excès qui, chez leurs maîtres, qui avaient fait de ces mêmes
excès, d'excès pires peut-être, une habitude traditionnelle,
presque une institution, provoquent à peine de bénignes critiques ? Y a-t-il donc deux poids et deux mesures, y a-t-il
donc deux morales, l'une à l'usage des dirigeants, l'autre à
l'usage des dirigés ?

Les Jacques n'ont fait que rendre à leurs maîtres le mal pour
le mal. A la force, ils ont répondu par la force, à la violence
brutale, par la violence brutale. Ils ont bien fait ! Aurait-il

donc fallu qu'ils suivissent docilement ce conseil énervant de l'Evangile qui enjoint de tendre la joue gauche quand on a reçu un soufflet sur la joue droite ? Consigne facile et commode, sans doute, mais qui a dû être inventée par quelque grand criminel, soucieux d'impunité !

On dit que les Jacques massacraient les femmes et les enfants. Mais, n'avaient-ils pas, eux aussi, des femmes et des enfants ? Est-ce que, depuis la conquête, les fils des conquérants avaient jamais respecté la famille des vaincus ? Ou bien, est-ce seulement aux grands de la terre qu'il doit être permis d'aimer leurs « femelles » et leurs « petits », et de venger leurs outrages ? Qui oserait soutenir, d'ailleurs, que les châtelaines, pires souvent que leurs maris, et les héritiers des seigneurs, auxquels les enfants des « villains » étaient voués à servir de jouet et de souffre-douleur, ayant large part de responsabilité, ne méritaient pas, en revanche, large part de châtiment ?

Ajoutons que rien n'est moins prouvé que les prétendus « effrois » de la Jacquerie Le chroniqueur Froissart, l'apologiste attitré de la monarchie et de la noblesse, et dont, par conséquent, le témoignage est fort suspect, est seul à en parler. Aucun autre historien ne reproduit les détails horribles sur lesquels il s'arrête avec tant de complaisance. La plupart se bornent à mentionner « une sédition cruelle et » douloureuse entre le populaire contre les nobles, et, » aussitôt après, entre les nobles contre le populaire ». Assurément, beaucoup de châteaux furent incendiés, beaucoup de seigneurs égorgés, de nobles dames « efforcées et perdues... » C'était fatal. Mais toutes ces horreurs furent beaucoup moins considérables qu'on a bien voulu le dire, et, dans tous les cas, elles ne sauraient être comparées aux horreurs qui les avaient précédées et dont les Jacques avaient si longtemps pâti, ni aux représailles atroces qui suivirent la victoire des nobles.

La vérité est plutôt que les Jacques ne tuèrent pas assez de

leurs ennemis [1]. Dans les guerres sociales qui s'allument entre
deux classes, aux heures sombres de l'histoire des nations, il
faut, sous peine de mort, que ceci tue cela. D'ailleurs, est-
ce que cette formule sinistre : « Il n'y a que les morts qui
ne reviennent pas ! » — n'a pas été inventée et mise en pratique par les tyrans égorgeurs de peuples ?

L'insurrection des paysans n'était pas au surplus, comme
les révoltes précédentes, le déchaînement d'une foule sauvage
et barbare, ne sachant pas où elle allait, ni ce qui la poussait. On l'a dit, mais on a eu tort. C'était plus et mieux qu'un
accès de rage aveugle et stérile. Les insurgés avaient un but,
ils avaient une idée, pour laquelle ils faisaient de la propa-
gande le long de leur chemin, grossissant à chaque pas leur
armée de nouvelles recrues.

La Jacquerie n'a pas réussi, « heureusement pour l'état
social », disent certains historiens. De quel état social parle-
t-on? Est-ce de l'état féodal? Ah! sans doute, cet ordre
inique eût été balayé, enseveli sous les ruines des châteaux
et les cadavres des seigneurs ! Où donc aurait été le mal?

N'y avait-il donc de société possible qu'à la condition de
respecter ces bêtes féroces et leurs repaires?

Il faut croire, au contraire, que si les paysans, qui pour-
suivaient, par le fer et le feu, l'affranchissement de leurs
personnes et de leur travail, avaient eu le dessus, s'ils avaient
exterminé les nobles, il y aurait eu place pour un état social
harmonique, basé sur la justice et sur la liberté. Est-ce que
le nombre des producteurs aurait diminué? Pas le moins du
monde, puisque les seuls producteurs, les seuls êtres utiles,
c'étaient précisément les paysans. Seulement, débarrassés
des usurpateurs improductifs, des bouches inutiles, des para-
sites qui s'engraissaient de leurs sueurs, ils eussent désormais travaillé pour eux-mêmes, sans avoir à payer de dîmes
ni de prélibations d'aucune sorte... Pour être revenue aux

---

[1] *Histoire des Prolétaires*, II, p. 589.

mains de ses légitimes possesseurs, la terre eût-elle cessé d'être féconde? et les laboureurs émancipés eussent-ils mis moins d'ardeur à travailler pour leur compte et pour le compte de leurs frères, de leurs égaux. les artisans, qu'ils en mettaient auparavant à travailler pour le compte de leurs exploiteurs? Soyons persuadés que l'ivresse d'une victoire sanglante et inespérée se fût dissipée rapidement, et que la force des choses, les nécessités de l'existence, l'instinct de conservation et leur propre intérêt les eussent bientôt amenés à reconstituer un nouvel état social qui n'eût pas eu de peine à valoir mieux que l'ancien, et à constituer entre eux de puissantes associations pour la défense et la garantie de leurs droits reconquis.

Cela est si vrai que, dès les premiers jours, au beau milieu de leur croisade contre l'aristocratie, ils suspendaient de temps en temps leur œuvre de dévastation justicière, pour retourner à leurs champs et préparer les travaux de la moisson, dont l'époque approchait.

Si la Jacquerie avait réussi, son triomphe eût amené, avec le nivellement des classes et l'abolition de la féodalité terrienne, la constitution d'un état social inédit, formé par la fédération des villes libres et des associations agricoles, ce qui nous eût épargné, sans doute, bien des révolutions et bien des catastrophes. Déjà, une espèce d'alliance fédérale commençait à s'établir entre les paysans révoltés et certaines communes.

Citons par exemple : Montdidier, Dalancourt, Maisons, Vitry, Heislemarrois, Compiègne, Senlis surtout, d'où tous les habitants nobles furent violemment expulsés, Amiens, Meaux, etc., etc.

Il ne faut pas s'imaginer que les Jacques marchaient à la débandade ou à l'aventure, à la façon d'un torrent dévastateur qui ne sait pas se creuser un lit régulier. Ils avaient, au contraire, une sorte d'organisation militaire. Leur armée était divisée par « villages », ayant chacun son chef, sa bannière, son cri de ralliement, son sceau.... On sent ici l'influence des gens de métiers, mêlés à leurs rangs, et qui étaient organisés, au sein de leurs corporations et de leurs communes, d'une façon analogue.

La plupart du temps, les Jacques, par un sentiment de modestie que leur devaient inspirer fatalement la conscience de leur ignorance et la stupeur de leur long esclavage, choisissaient leurs chefs en dehors de leur monde. C'étaient presque toujours des artisans, des bourgeois dévoués à la cause populaire, quelquefois même de « riches hommes » nobles, dont la passion de la justice avait faits des transfuges désintéressés de leur classe. On peut citer un président du Parlement, Lambert de Hautefontaine, qui était, en même temps, conseiller du duc de Normandie ; un prêtre, Jean Nérenget, curé de Gélicourt ; une femme noble, la dame de Béthencourt, fille du seigneur de Saint-Martin-le-Guillart. Il y avait même des cas où les paysans, dans le vague espoir de compromettre le plus de gens possible et d'attacher irrévocablement les indifférents à leur cause, forçaient des personnages en vue à marcher à leur tête....

Ils finirent même par se choisir un général, auquel fut confié le commandement en chef de toutes les forces révolutionnaires. Celui-là ne fut ni un noble, ni un bourgeois, ni un artisan, mais un simple paysan, nommé Guillaume Calle, dont la vigueur, la bravoure, l'éloquence et l'habileté en imposaient à la foule. Ce fut lui qui régularisa le mouvement et qui fit adopter par les Jacques l'idée salutaire d'une alliance avec les « bonnes villes ».

Etienne Marcel n'était pas homme à méconnaître ces intelligents efforts ni à repousser ce précieux concours qui s'offrait à lui. Il répondit aux avances de Guillaume Calle : c'est ainsi qu'apparaît l'un des trop rares cas enregistrés par l'histoire où « ruraux » et Parisiens ont servi la même cause et combattu sous le même drapeau.

Fauconnier.

CHAPITRE XI

Alliance d'Etienne Marcel et des Jacques.

Ce rapprochement des paysans et des bourgeois n'était pas chose aussi facile qu'il en a l'air, et il n'a fallu rien moins, pour l'opérer, que la communion d'une même haine et d'un même danger.

Entre ces deux classes de la population, en effet, dont l'une, à demi émancipée, grâce à l'organisation communale et corporative, ne poursuivait plus que des réformes purement politiques, et dont l'autre, hébétée par la misère, l'ignorance et la servitude, ne voyait de salut que dans une révolution sociale, il n'existait pas encore, sans doute, antagonisme d'intérêts, mais, en revanche, il existait des défiances, des antipathies mal justifiées, et qui devenaient, à l'occasion, des ferments de discorde.

Fière de ses conquêtes, de ses privilèges et de sa supériorité intellectuelle, la bourgeoisie ne comprenait pas qu'il était de son intérêt et de son devoir de soutenir les vilains et les serfs, lesquels, de leur côté, n'éprouvaient que de l'éloignement pour des gens qui, sans les opprimer et les exploiter comme les seigneurs, leur paraissaient être cependant d'une autre origine et d'une autre nature.

Il y avait préjugé des deux côtés. Etienne Marcel, lui-même, malgré son génie, son esprit de justice et sa pitié pour les faibles, n'y échappa pas entièrement, tant il est vrai que les conceptions d'un homme, si grand qu'il puisse être, subissent toujours l'influence de l'éducation et du milieu !

Il commença d'abord par faire le délicat et par s'effaroucher des « effrois » des Jacques. « Mieuls aimeryons, écri-» vait-il, estre mort que avoir apprové les faicts par la ma-» nière qu'ils furent commencié par aucun des gens du plat » païs de Beauvoisis. » On sait cependant que Marcel n'était pas homme à reculer devant les exécutions nécessaires. Etait-ce donc parce que les Jacques étaient des pauvres diables de paysans grossiers, sans instruction et sans autres idées générales qu'un instinct confus de la responsabilité et de la justice, qu'il leur reprochait ainsi des actes d'énergie dont il avait été le premier à donner l'exemple ? Singulière aberration !

Il faut ajouter, au surplus, que Marcel ne garda pas long-temps ces répugnances injustifiables. Après quelques hésitations, le souci de la cause commune l'emporta bientôt, dans son esprit, sur toutes autres considérations. Il s'aboucha avec les Jacques, et s'il continua de les conjurer de ne pas déshonorer leur parti par des pillages et des massacres inutiles, il n'en conclut pas moins avec Guillaume Calle une alliance offensive et défensive, dont l'une des principales clauses était la destruction par les paysans de tous les châteaux qui pouvaient nuire aux Parisiens. C'était là une imprudence et une inconséquence. A quoi bon, en effet, irriter jusqu'au paroxysme la soif de vengeance d'un ennemi qu'on n'est pas décidé à réduire à l'impuissance ? Encore une fois, dans les guerres sociales, la modération n'est jamais, aux yeux des vainqueurs, une circonstance atténuante. La révolte, toute seule, est un crime qui ne se pardonne pas, et si les révoltés se laissent arrêter à mi-chemin par des considérations d'humanité mal entendue ou de sentimentalisme niais, ils ne font que diminuer sans profit leurs chances de victoire. Seule, la terreur pouvait avoir raison des résistances de la noblesse.

En prenant part à la Jacquerie, la bourgeoisie parisienne en général, et Etienne Marcel en particulier, commirent la faute grave de calmer la fureur vengeresse des paysans. Cette accalmie inopportune, en permettant aux seigneurs de reprendre haleine et de rassembler leurs forces un instant surprises et dispersées, perdit à la fois la Révolution paysanne et la Révolution parisienne. C'est là une faiblesse que notre respect sympathique pour la mémoire d'Etienne Marcel ne doit pas nous empêcher de lui reprocher en passant.

Le prévôt des marchands ne se contenta pas d'aider, de loin, les Jacques de ses conseils, ni de leur envoyer de platoniques témoignages de sympathie. Il fit mieux. Il organisa dans Paris deux petits corps d'armée, composés en partie de miliciens volontaires et en partie d'aventuriers à la solde du budget municipal, et qui devaient aller prêter effectivement main forte aux paysans. La première expédition, sous les ordres d'un marchand épicier de la rue Saint-Denis, nommé Pierre Gilles, et de l'orfèvre Pierre Desbarres, devait attaquer les châteaux situés au sud de Paris, et soulever les paysans de cette zone, qui n'avaient pas encore bougé. L'autre expédition, commandée par Jehan Vaillant, prévôt des monnaies, devait joindre les bandes de Guillaume Calle, qui assiégeait alors Ermenonville.

Pierre Gilles et Pierre Desbarres se dirigèrent d'abord sur Vaugirard et Issy, où ils prirent et rasèrent les châteaux de Simon de Buci. Puis, grossis d'un renfort que leur avaient envoyé les habitants de Sceaux, ils détruisirent successivement les châteaux de Choisy-le-Roi, de Chilly, de Villers, de la Ferté-Aleps, de Chevreuse, de Palaiseau, de Trappes et de Viroflay... De là, ils se portèrent vers le Nord, du côté de Gonesse, où ils mirent au pillage la Seigneurie de Pierre d'Orgemont, conseiller du roi, et enlevèrent 592 bêtes à laine pour l'approvisionnement de Paris. C'était de bonne guerre !

Il se passa là, à cette occasion, un fait curieux et qui carac-

térise, d'une manière bien typique, l'esprit de l'époque. Il y
avait à Gonesse un chevalier nommé Pierre Rose, dont les
bourgeois et les paysans avaient juré la ruine. Gilles et
Desbarres, dont l'intention était de terroriser l'aristocratie,
s'étaient empressés de souscrire à ce vœu, et ils s'apprêtaient
à mettre le feu au château de Rose, en douze endroits à la
fois, quand les amis de celui-ci vinrent leur représenter que
ses biens n'appartenaient pas à lui, mais à ses sœurs et à
un couvent de religieuses. Cette simple déclaration, quoique
dénuée de preuves, suffit pour arrêter les destructeurs, tant
était puissant, en ce temps-là, le respect de la propriété et
des ordres monastiques !

Pendant ce temps-là, Jehan Vaillant assiégeait et prenait
d'assaut, avec les Jacques de Guillaume Calle, le château
d'Ermenonville. Ce château appartenait à Robert de Lorris,
l'un des ennemis du peuple les plus acharnés. Cependant, les
vainqueurs ne le mirent pas à mort. Ils se contentèrent d'a-
breuver d'humiliations cet arrogant qui avait si longtemps
humilié les autres, et de le forcer à renier « gentillesse et
noblesse ».

Toutes ces escarmouches ne suffisaient point à satisfaire
Étienne Marcel.

Il y avait très longtemps qu'il rêvait d'enlever au régent la
citadelle de Meaux, dont celui-ci avait fait sa forteresse et
son pivot d'opérations. Il songea à profiter pour cela du concours des Jacques, afin de dégager le cours de la Seine et
d'assurer le ravitaillement de Paris.

L'entreprise ne semblait pas, d'ailleurs, par trop malaisée
à mener à bonne fin. Les habitants de Meaux, en effet, sym-
pathisaient d'autant plus vivement avec la bourgeoisie parisienne et même avec les paysans révoltés, qu'ils avaient à
souffrir, plus que d'autres, des violences et des exactions du
régent et des seigneurs de sa suite, enfermés avec lui dans la
citadelle, dans le marché, comme on l'appelait. Depuis longtemps déjà, le maire Jean Soulas, le chanoine Guillaume de

Château d'Ermenonville, pris par les *Jacques* de Jehan Vaillant (p. 144).

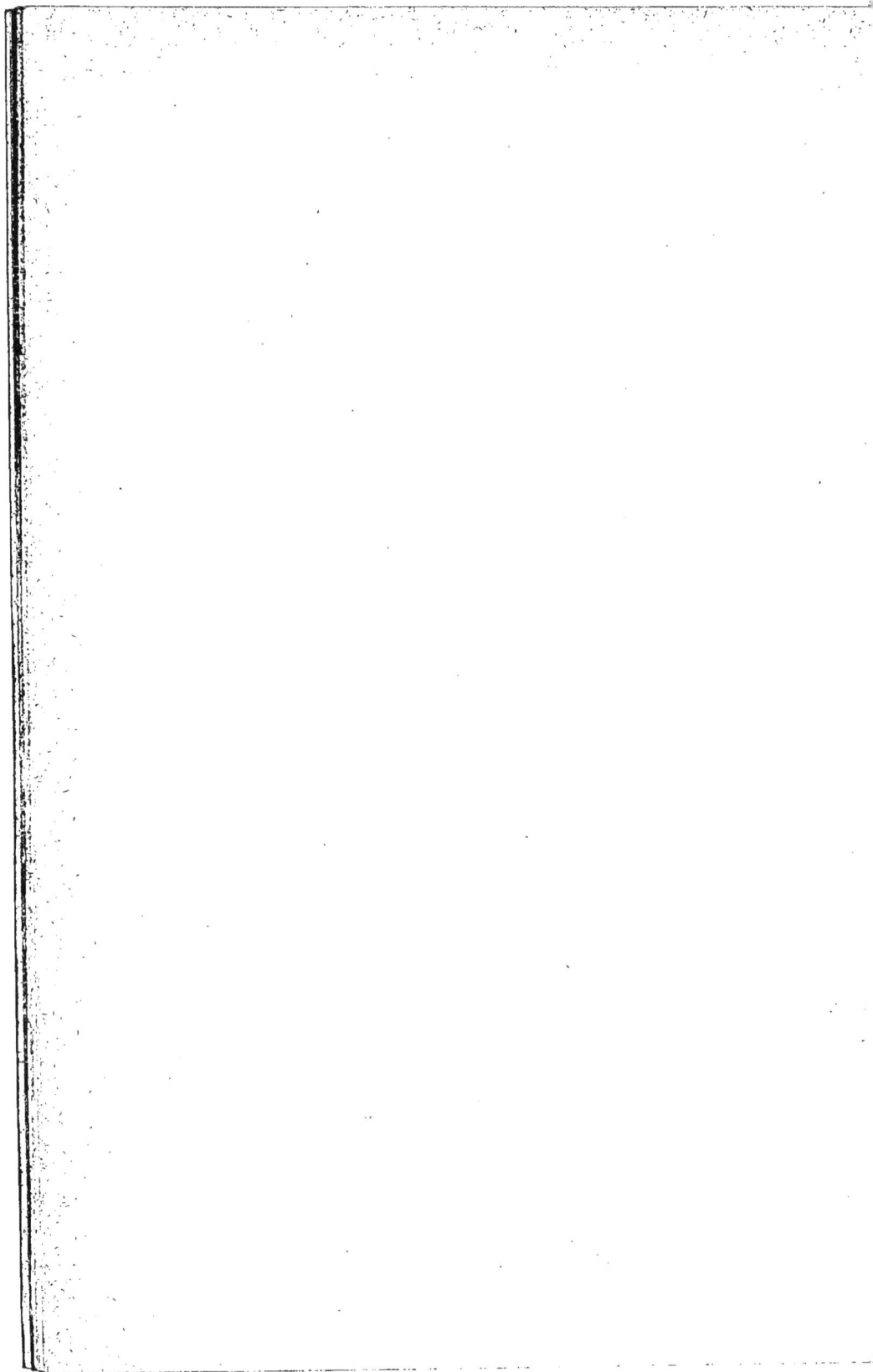

Chavenoil, Jean Chandelier, drapier, Jean Rose, les chefs du parti démocratique, entretenaient des relations secrètes avec le prévôt.

A la fin, celui-ci, jugeant le moment opportun, organise une grande expédition. L'épicier Pierre Gilles part de Paris, le 9 juin, avec trois cents hommes d'armes. Jehan Vaillant, prévôt de la monnaie, averti à temps, le rejoint à Silly-en-Mulcien avec sa troupe et toutes les bandes de Jacques qu'il avait pu ramasser en chemin. Tout cela finit par constituer une petite armée dont ce fut l'épicier Pierre Gilles, et non pas le haut fonctionnaire Jehan Vaillant, qui, contrairement à ce qu'on pourrait croire, prit le commandement en chef. Ce détail atteste les progrès qu'avait déjà faits l'esprit d'égalité.

Jacques et Parisiens furent reçus par les bourgeois de Meaux comme des libérateurs. Les maisons étaient pavoisées, des tables dressées dans les rues; partout on banquetait, partout on fraternisait.

La fête de bienvenue finie, toute cette foule s'élance à l'assaut du Marché. Le régent n'y était plus. Depuis quelques jours, il était parti chercher un refuge à Montereau. Mais la duchesse sa femme, sa sœur, Isabelle de France, la duchesse d'Orléans, sa tante, et plus de trois cents nobles dames ou « damoiselles » y étaient encore enfermées. C'étaient autant de précieux otages dont les Jacques, les Parisiens et les bourgeois insurgés de Meaux souhaitaient ardemment la capture.

La garnison était numériquement faible, puisqu'elle ne se composait que d'une centaine de chevaliers, plus vaillants auprès des dames que sur les champs de bataille. Mais la citadelle était extrêmement forte. C'était, d'après Secousse, une grande place entourée de bâtiments formant un carré irrégulier. Ce carré occupait presque toute la surface d'une île, isolée entre la Marne et le canal de Cornillon. Une haute et épaisse muraille, flanquée, de distance en distance, de grosses tours rondes, protégeait cette enceinte... Il eût fallu du canon pour réduire cette place. Les assiégeants, peu

aguerris et mal armés, crurent pouvoir l'enlever d'un coup
de main.

Ce fut une grave faute qui, comme nous le verrons tout à
l'heure, devait leur coûter cher.

Femme du peuple.

CHAPITRE XII

Destruction de la Jacquerie.

Nous avons déjà laissé pressentir combien l'intervention de la bourgeoisie fut néfaste à la Jacquerie, à laquelle elle apportait sans doute des forces nouvelles, mais dont, en revanche, par son modérantisme et ses scrupules déplacés, elle énervait l'action. Un instant abasourdis par la soudaineté et la vigueur d'une révolte qui ne laissait derrière elle que des ruines fumantes et des cadavres mutilés, les nobles reprirent bientôt espoir et courage, quand une fois les « effrois » s'arrêtèrent.

En quelques jours il s'improvisa contre la Jacquerie comme une franc-maçonnerie de toutes les puissances d'alors, qui, la veille encore, étaient divisées et se disputaient la suprématie. Le régent, qui n'avait rien pu ni voulu faire pour protéger les pauvres habitants des campagnes contre les ennemis et contre les brigands, se souvenait tout à coup qu'il avait, lui aussi, du sang d'aristocrate dans les veines, et retrouvait son activité pour défendre et venger ses gentilshommes. Dès la fin de mai, il envoyait le sire de Saint-Sauflieu avec des troupes sur les points attaqués, et, plus tard, il s'y transportait lui-même.

Tout le monde s'en mêlait; de toutes parts la noblesse courait sus aux Jacques comme à des bêtes fauves. La Jacquerie

représentait « le péril social ». Pas un gentilhomme ne s'y
trompa. Le ban et l'arrière-ban de la noblesse, sans distinction
de nationalités ni de races, furent convoqués à la rescousse,
pour mettre à la raison ces éternelles victimes qui s'avisaient
de réclamer, les armes à la main, leur place au soleil et au
banquet de la vie. Anglais, Navarrais, routiers et seigneurs de
grand chemin, tous répondaient à l'appel pour défendre les
prérogatives nobiliaires et écraser les « nouvelles couches ».
Oubliant leurs griefs réciproques et leurs inimitiés invété-
rées, les anciens ennemis se coalisaient avec enthousiasme
contre ce danger commun, qui venait si brusquement menacer leurs intérêts, au nom de l'égalité humaine. Ce fut une
véritable Sainte-Alliance des dirigeants. C'est ce qui arrive
toujours, en vertu d'une sorte d'inéluctable fatalité, dans
toutes les guerres sociales qui s'engagent entre deux classes
inégales.

Charles le Mauvais lui-même, dont cette insurrection semblait pourtant devoir faire merveilleusement les affaires, puisqu'elle décuplait le nombre de ses partisans, sacrifia ses intérêts personnels à ces préjugés de caste, avec lesquels un
homme ne parvient jamais à rompre complètement. Aussi
n'hésita-t-il pas longtemps à prendre parti pour la noblesse
contre les Jacques et contre les bourgeois, ses alliés d'hier.

Il apporta dans la lutte contre les paysans les procédés de
diplomatie louche, de ruse et de traîtrise qui le caractéri-
saient. Après avoir battu des bandes isolées de paysans, que
commandait un noble, transfuge de sa classe, Germain de
Révillon, il fit des ouvertures à Guillaume Calle, le généra-
lissime. Celui-ci se laissa-t-il séduire par les propositions perfides du roi de Navarre, comme l'affirme le continuateur de
Nangis, au point d'accepter avec lui une entrevue pour discuter les conditions d'une trêve ? On n'est pas très bien fixé
sur ce point. Cette version, cependant, ne semble guère
probable, car Guillaume Calle était un paysan matois, aussi
prudent que brave, qui devait, par conséquent, se tenir en

garde contre des avances aussi suspectes, car dans une semblable guerre, il n'y avait à attendre ni trève, ni grâce, ni merci. Il semble plus vraisemblable que Guillaume Calle fut livré, par trahison, à Charles le Mauvais. Ce furent, dit Secousse, les bourgeois de Clermont-sur-Oise qui commirent cette infamie. Toujours est-il que le chef des paysans tomba aux mains du prince qui lui fit couper la tête, après l'avoir, par une atroce plaisanterie, couronné d'un trépied de fer rouge.

Ce fut un coup terrible pour les Jacques. Une fois privés de leur guide, le désarroi et le découragement se mirent dans leurs rangs. Le roi de Navarre en profita pour tomber à l'improviste sur le gros de leur armée, campée près de Montdidier, et pour leur tuer trois mille hommes. Dès lors, la Jacquerie était perdue.

Pendant ce temps-là, le régent guerroyait entre Seine et Marne, incendiant les villages, massacrant les révoltés en détail, faisant main-basse sur tous les serfs « coupables ou non » qu'il trouvait sur son chemin. Un autre corps d'armée de nobles, commandé par le sire de Coucy, opérait de la même façon entre l'Oise et l'Aisne.

Mais le coup le plus terrible, celui qui tua définitivement la révolution, ce fut la défaite du marché de Meaux. On se souvient qu'une expédition, composée de paysans et de volontaires parisiens, avait été dirigée contre cette place forte, mais n'avait pu réussir à l'enlever par un coup de main.

Il avait fallu se borner à en organiser le blocus.

Mais une circonstance imprévue déconcerta tous ces projets. Il se trouvait alors à Châlons deux aventuriers qui revenaient de Prusse, où ils étaient allés rompre des lances contre les païens. Ces deux aventuriers étaient Gaston, comte de Foix, surnommé Phébus, à cause de sa beauté, et le captal de Buch, chevalier gascon, à la solde des Anglais. Les nobles dames, enfermées dans le marché de Meaux, parvinrent à leur faire connaître le danger qu'elles couraient,

Aussitôt ces galants seigneurs réunissent quarante lances, ce qui faisait une troupe d'environ deux cents hommes, aguerris, bien montés, bien armés, et chevauchent vers le marché de Meaux, où ils parviennent à pénétrer par surprise en trompant la vigilance des assiégeants.

Une fois dans la place, ils organisent une sortie avec les chevaliers de la garnison. Un beau jour, le 9 juin 1358, les portes de la citadelle s'ouvrent brusquement, toutes grandes, et toute cette petite armée, sortant en masse et au galop, fait une charge a fond de train sur les Jacques, au moment où ceux-ci s'y attendaient le moins.

« Et firent ouvrir tout arrière, dit Froissart, et puis se
» mirent au devant de ces villains, noirs et petits et très mal
» armés. »

Comment cette masse confuse de paysans chétifs, qui n'avaient d'autres armes que leurs instruments aratoires, et beaucoup même seulement des bâtons ou des pierres, auraient-ils pu soutenir le choc de ce flot de cavaliers bardés de fer, chargeant ensemble, comme un seul homme, et dont les longues lances les atteignaient de loin, sans qu'ils pussent même se mettre en garde et parer les coups ? Mieux équipés, les archers parisiens, qui étaient au premier rang, résistèrent quelque temps avec une bravoure inouïe et firent beaucoup de mal aux assaillants. Mais ils finirent par être enfoncés. Alors ce fut une déroute, une boucherie. Lançant leurs chevaux, cuirassés comme eux-mêmes, au milieu de cette foule en désordre, les chevaliers n'eurent plus qu'à frapper d'estoc et de taille, abattant les fuyards par tas, comme des bêtes, ou les forçant à se jeter dans la Marne. Ils ne s'arrêtèrent de tuer que quand leurs bras fatigués refusèrent tout service.

Ce fut le Waterloo de la Jacquerie, qui perdit là six ou sept mille de ses meilleurs soldats. Une réaction horrible allait commencer.

Tout d'abord, les nobles mirent le feu à la ville de Meaux. Les malheureux habitants qui voulaient fuir étaient rejetés dans les flammes à coups de lances. Ceux qui purent échapper au massacre et à l'incendie, qu'ils eussent ou non participé à l'insurrection, furent jetés en prison. Tel fut le cas du maire Jean Soulas, qui, peu de temps après, finit par être pendu avec plusieurs autres bourgeois qu'on accusait d'être ses complices.

Les nobles voulurent traiter Senlis comme ils avaient traité Meaux, mais cette nouvelle tentative n'eut pas le même succès que la première. Ils avaient pourtant essayé d'un subterfuge déloyal pour se faire ouvrir les portes. Prétextant, en effet, qu'ils étaient envoyés par le régent pour prendre, en son nom, possession de la ville, ils avaient obtenu qu'on les laissât franchir les barrières. Déjà, dans leur impatience vindicative et sanguinaire, ils avaient commencé de se répandre dans les rues en criant : « Ville prise ! ville gagnée ! » Ce devait être le signal du meurtre et du pillage. Ce fut celui de leur perte. Les bourgeois de Senlis avaient pris leurs précautions. Ils ne se seraient pas hasardés, en gens prudents qu'ils étaient, à engager une lutte inégale et selon les règles ordinaires de l'art militaire, avec des soldats de profession, supérieurement armés. Mais ils s'étaient avisés d'une tactique spéciale, éminemment révolutionnaire, et qui convenait à merveille à des travailleurs défendant leurs droits contre des usurpateurs aguerris et exercés de longue date au métier des armes. Ils avaient installé, tout au haut de leurs rues escarpées, une grande quantité de chariots pesants, qui, après leur avoir servi de retranchements et de barricades, devaient devenir de redoutables engins d'attaque. Au moment où les nobles gravissaient la pente, l'épée à la main, on poussa sur eux ces énormes projectiles roulants, qui, bondissant sur les pavés, entraînés par la seule force de leur pesanteur, qui s'augmentait encore à tous les angles des murailles, en écrasaient des lignes entières. Pendant ce temps-là, les femmes faisaient pleuvoir sur eux, du haut des maisons, des flots d'huile bouillante, des pierres, des tuiles, des meubles... Ce fut un massacre, car les bourgeois ne donnèrent pas le temps de se relever à ceux que la dégringolade des chariots avait seulement renversés. « Les uns s'enfuirent à Meaux », dit le continuateur de Nangis, « conter leur déconfiture et se faire » moquer ; les autres, qui restèrent sur la place, ne feront » plus de mal aux gens de Senlis ».

Malheureusement, la défense ne fut pas partout aussi heureuse. La noblesse de tous les pays, ivre de fureur et de vengeance, s'abattit sur les campagnes de France, comme une nuée de vautours. En moins de dix jours, vingt mille paysans furent tués. La rage des massacreurs ne connaissait plus ni scrupules ni réserves, et la vieille et héréditaire passion des seigneurs pour le pillage venant à s'y mêler, ils ne savaient plus faire aucune différence entre les gens qui avaient réellement pris part à la révolte et ceux qui étaient restés en dehors, pourvu qu'ils eussent des richesses confiscables, ou que quelqu'un parmi les vainqueurs eût contre eux un ancien grief personnel à venger. Jamais on n'avait encore vu une semblable frénésie de représailles : il est vrai que depuis la leçon a porté ses fruits, et qu'il était réservé aux siècles suivants de voir de pires choses encore....

Les cruautés des nobles et de leurs hommes d'armes surpassèrent de cent coudées, en durée comme en atrocité, toutes les horreurs qu'avaient pu commettre les Jacques, vengeant, dans un accès de colère de trois semaines, les misères de dix siècles de servitude et de douleur. Plus de trois mois, en effet, après l'affaire du marché de Meaux, la réaction n'avait pas encore achevé ses sanguinaires exploits, qui avaient dépeuplé complètement plusieurs cantons du pays de la langue d'Oïl. Il ne s'était pas trouvé d'armée seigneuriale pour résister à l'invasion et chasser les Anglais du territoire. Mais il s'en trouva une pour combattre, avec l'alliance de ces mêmes Anglais qui étaient si facilement venus à bout de l'aristocratie française, les paysans insurgés, et pour en faire, au lendemain de la victoire, une épouvantable hécatombe.

Pour emprunter à un chroniqueur du temps son langage sévère, nous pouvons dire de la contre-jacquerie : « Si grant
» mal fut faict par les nobles de France, qu'il n'estoit plus
» besoing des Anglois pour détruire le païs ; car, en vérité,
» les Anglois, ennemys du roïaume, n'eussent pu faire ce
» que firent les nobles du païs. »

Il n'empêche pas que tous les anathèmes sont réservés pour les Jacques, dont le nom est devenu, pour ainsi dire, sous la plume d'écrivains menteurs, dupes ou complices posthumes des vengeances aristocratiques, une flétrissure et un outrage.

C'est souvent ainsi, hélas ! qu'on écrit l'histoire !

Routier.

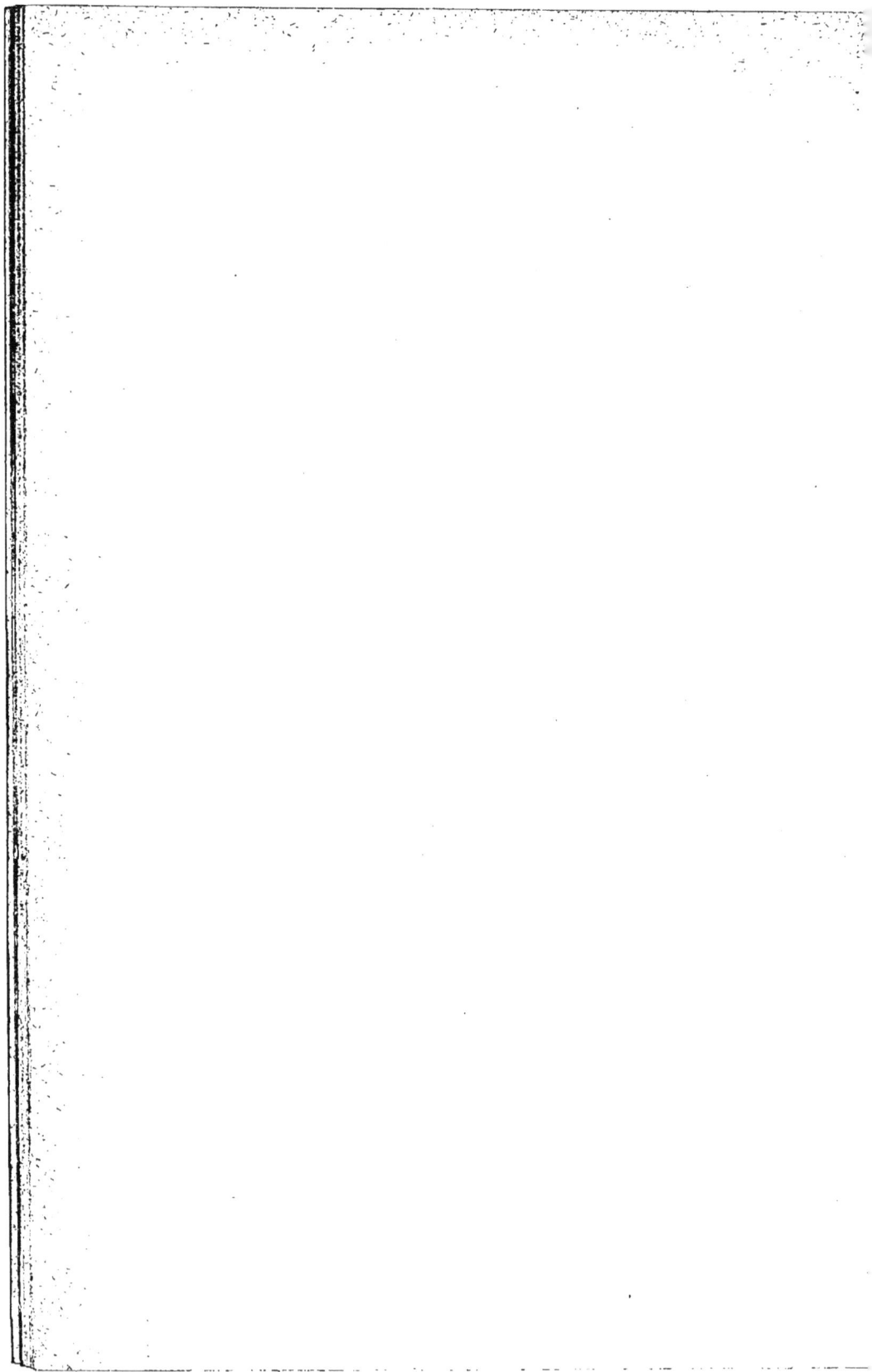

CHAPITRE XIII

Alliance d'Etienne Marcel et de Charles le Mauvais.

L'écrasement de la Jacquerie fut, à un double point de vue, un terrible coup pour la Révolution parisienne. Il la privait, d'abord, d'un allié précieux, dont la diversion, si elle se fût prolongée, eût assuré la victoire et le salut. D'un autre côté, en provoquant les haines de classes, en enflammant les vengeances aristocratiques, en ralliant tous les seigneurs sous le même drapeau, sous le drapeau ensanglanté du privilège, cette insurrection avortée n'avait abouti qu'à donner une armée au régent.

Cependant, Etienne Marcel ne se laissa pas abattre. Il essaya même de tirer parti de la catastrophe elle-même en soulevant partout l'indignation contre les vainqueurs. A cet effet, le 11 juillet, il écrivit une longue lettre aux « bonnes villes » de France et aux communes de Flandre, pour leur faire connaître les excès horribles de la contre-jacquerie et solliciter leur concours pour y mettre un terme. Il y raconte, avec une sobre énergie, que les nobles sont venus en deçà de la Somme et de l'Oise, pour tuer et voler, sans faire de distinction des coupables et des innocents, des bons et des mauvais; qu'ils ont brûlé les villes, assassiné les gens, dérobé et pillé, mis à la torture des hommes, des femmes et des enfants, fait, en un mot, plus de mal que jadis les Sarrasins. Aujourd'hui encore, ajoute Marcel, ils continuent de tuer et de rançonner « le bon peuple, les bons laboureurs et les bons marchands, » *sans lesquels nul ne peut vivre* ». Il rappelle ensuite la convocation des Etats-Généraux, « pour avoir conseil sur le » faict de la délivrance du roïaume et le bon gouvernement » d'iceluy »; l'inexécution des décisions prises par les Etats; « la male volonté » du régent, complice de ces lâches gentilshommes, qui « ne se sont voulus armer contre les Anglois » et brigands, toutefois contre *le commun* se sont armés, et » pour faire grandes pilleries et roberies sur le peuple, il en » vient si grande quantité que c'est merveille ». Après avoir vanté les ressources de la ville de Paris, les forces dont elle dispose, les hommes d'armes qui la défendent, la richesse de ses habitants, après avoir invité les bonnes villes à faire circuler ces nouvelles et ces doléances parmi « les bonnes gens du commun », la lettre se termine ainsi : « Plustôt que re- » tomber en la féauté des nobles, qui sont plus villains que » gentils, nous exposerons nos biens et nos personnes... » Sur toutes choses que nous vous escrivons, nous désirons » moult avoir nouvelles de vous et réponse. Si vous supplions » qu'il la vous plaise à faire le plus hastivement que vous » pourrez. — Escript à Paris, le XI° jour de juillet, l'an » MCCCLVIII.

» Les tout vostres :

» Le Prévost des Marchands, les Echevins et les maistres » des mestiers de la bonne ville de Paris [1]. »

On le voit, c'était une véritable croisade contre la noblesse, à laquelle les insurgés parisiens conviaient les communes et les corporations de France. Malheureusement cet appel resta sans écho. Il n'existait pas encore entre les « bonnes villes » une solidarité assez étroite pour qu'elles

---

[1] « Cette lettre, ou plutôt ce manifeste, véritable appel à l'opinion, était » accompagnée de pièces à l'appui, que Marcel recommandait de lire à » haute voix dans les assemblées communales et populaires ; il demandait » même que, après lecture, elles fussent communiquées à d'autres villes. » (PERRENS, *Etienne Marcel*, p. 292.)

acceptassent ainsi, d'emblée, la fédération révolutionnaire qu'on leur proposait. D'autre part, le sort de la commune de Meaux avait terrifié les mieux disposés.

La situation de Paris devenait épouvantable. Dès le mois de juin, le régent était venu camper devant la ville avec trois mille lances, c'est-à-dire avec trois mille gentilshommes suivis de leurs valets et de leurs écuyers, en tout, selon les auteurs du temps, de vingt-cinq à trente mille hommes. Ce qu'il y a de plus remarquable, c'est que tout ce monde recevait régulièrement sa solde. Il paraît que le régent, qui ne pouvait antérieurement trouver d'argent pour combattre les brigands et repousser l'invasion, n'avait point été embarrassé de s'en procurer pour faire le siège de Paris. Les six semaines de pillage qui suivirent la défaite des paysans n'avaient point été perdues.

Établi dans les carrières de Charenton, non loin de la porte Saint-Antoine, et maître du cours de la Seine, le régent privait les Parisiens de toute communication avec la province du côté de l'est. Il finit même par faire jeter un pont de bateaux sur la Seine, un peu au-dessous de sa jonction avec la Marne, là où est aujourd'hui le village des Carrières, ce qui lui permit de commander les deux rives. Il va de soi que, pour occuper les loisirs du blocus, ses gentilshommes battaient la campagne, pillant et incendiant tout sur leur passage, rivalisant ainsi de fureur destructrice avec les bandes de brigands qui opéraient de la même façon, mais pour leur propre compte, d'un autre côté.

« C'est un prodige, dit fort justement Michelet, qu'au milieu de cette dévastation des campagnes Paris ne soit pas mort de faim. » C'est d'autant plus étonnant que, comme nous l'avons déjà dit, les portes n'avaient pas cessé d'être ouvertes aux débris de la Jacquerie et aux pauvres diables de paysans, qui, laissant derrière eux leurs moissons piétinées et leurs chaumières en cendres, venaient y chercher un refuge.

Heureusement, Etienne Marcel et ses collaborateurs étaient gens avisés, honnêtes et fortement trempés, et ce n'est pas à eux qu'on pourrait reprocher d'avoir jamais failli à aucun de leurs devoirs. Jamais les vivres ne manquèrent à la « dévorante » cité. Seulement, on ne se les procurait qu'au prix des plus grands sacrifices et de difficultés inouïes. Leur cherté augmentait de jour en jour, et le mécontentement de la population, dont la lassitude finissait à la longue par vaincre la patience, grandissait avec la cherté. La popularité d'Etienne Marcel s'émiettait lentement, au fur et à mesure que l'insuccès lui enlevait la confiance de la foule versatile. Tout semblait tourner contre lui, en dépit de sa prudence et de son énergie. Il arriva même un moment où les Parisiens commencèrent à l'accuser des maux qu'ils souffraient et à en faire retomber sur lui seul toute la responsabilité.

Se sentant perdu, si cette misère, féconde en mauvaises inspirations, durait plus longtemps, et voulant à tout prix sauver la situation, il commit alors la faute de se rapprocher une fois de plus du roi de Navarre.

C'est là une tache indélébile, dont la mémoire du prévôt des marchands ne pourra jamais se laver. Après avoir pris l'attitude carrément révolutionnaire que nous connaissons, après avoir déclaré la guerre à la monarchie, à la noblesse et à la féodalité, et entraîné le peuple à sa suite dans cette voie dangereuse, il ne lui était plus permis, même pour sauver sa vie, de faire de semblables compromissions ni de souiller la cause commune par d'aussi suspectes alliances. Révolution oblige, autant et plus que noblesse ! Et, de toutes ces alliances inacceptables, celle de Charles le Mauvais, dont on avait déjà éprouvé la félonie, dont les mains étaient encore rouges du sang des Jacques, celle-là était la dernière à laquelle on eût dû songer !

Cependant, comme Etienne Marcel a été la première victime de cette faute, ne poussons pas, à cet égard, la sévérité

trop loin. Il est possible, au surplus, d'invoquer en sa faveur
bien d'autres circonstances atténuantes et de dire que, s'il se
résigna à ce regrettable accouplement, il n'agit ainsi qu'à
son corps défendant, contraint, pour ainsi parler, par des nécessités inéluctables. Le seul adversaire véritablement redoutable, en définitive, qu'on pût opposer au régent, n'était-ce
pas ce prince. qui, en vertu du principe d'hérédité, avait des
droits sérieux à la couronne de France ? N'y avait-il pas lieu
de croire que son ambition inassouvie serait un atout précieux dans le jeu de la bourgeoisie parisienne, dont ses propres intérêts lui commandaient de servir la cause? Il serait
toujours temps, d'ailleurs, au lendemain de la victoire, de briser cet instrument qu'on allait utiliser provisoirement contre
l'ennemi commun... A un autre point de vue, en s'attachant
le roi de Navarre qui campait à Saint-Denis, et dont les chevaliers commettaient autant de déprédations que les soldats
du régent, on s'ouvrait un accès sur la campagne, on facilitait le ravitaillement de la ville assiégée, on rompait la ligne
du blocus et on se débarrassait de voisins plus que gênants.
Peut-être, à ces considérations, dont la valeur apparente sé-
duisit Etienne Marcel, faut-il ajouter que, seul, le roi de Navarre possédait de la cavalerie, force dont, d'après les idées
du temps, corroborées encore par l'expérience lamentable du
marché de Meaux, il était impossible de se passer.

En résumé, Etienne Marcel crut de bonne politique de divi-
ser les nombreux ennemis de la Révolution, en jouant au plus
fin avec le plus dangereux de tous. Il avait compté sans la
perfidie des nobles en général et de Charles le Mauvais en
particulier ; il avait aussi compté sans les haines de classe à
classe, les plus implacables de toutes.

Mais revenons à notre récit.

Ce fut vers le milieu du mois de juin que Marcel se remit
en relations avec Charles le Mauvais. Il se rendit même à
Saint-Ouen, où il avait son quartier général, et lui fit des
propositions d'alliance que le prince accepta avec d'autant

plus d'empressement qu'il y voyait le plus court chemin pour arriver au trône si ardemment convoité. Dès le 14 juin, il fit son entrée à Paris, avec une nombreuse escorte, au milieu des acclamations de la foule. « Le lendemain, dit M. Perrens, » il se rendit à la Maison-aux-Piliers, et, connaissant l'effet de » sa parole sur la multitude, il voulut inaugurer sa dignité » nouvelle par un discours. Il déclara qu'il aimait la France, » étant issu des fleurs de lys des deux côtés, qu'il eût ceint la » couronne, si sa mère eût été homme, enfin, qu'il s'abstien- » drait de rappeler tous les bons offices dont il était redeva- » ble aux Parisiens et aux autres soutiens de la cause popu- » laire, mais qu'il était prêt à vivre et à mourir avec eux[1]. »

Il ne pouvait poser plus clairement sa candidature au pouvoir royal. Les plus clairvoyants parmi les insurgés durent s'en apercevoir ; mais il était trop tard pour reculer. Il fallut donc faire contre mauvaise fortune bon cœur et tâcher de tirer le meilleur parti possible de cet auxiliaire dangereux. Charles Toussac, le bras droit d Etienne Marcel, qui avait l'oreille du peuple, crut conjurer le péril en compromettant davantage le roi de Navarre et en le proposant aux Parisiens comme capitaine de leurs milices.

Cette tactique avait été assez heureusement employée par les Jacques pour que de plus habiles et de plus expérimentés s'y laissassent prendre. Mais ils oubliaient, ceux-là, que les conditions n'étaient plus du tout les mêmes. Les quelques gentilshommes que les paysans avaient mis à leur tête étaient gens obscurs, sans ambition et sans pouvoir, et qui avaient donné des gages à la cause démocratique. Le roi de Navarre, au contraire, était un personnage considérable, à l'ambition gigantesque, et qui, d'autre part, disposait d'immenses ressources personnelles, puisqu'il avait une armée à sa dévotion et à sa solde. Les Parisiens ne pouvaient faire un plus mauvais choix.

Telle ne fut pas leur opinion. La majorité des auditeurs ac-

---

[1] *Etienne Marcel*, p. 276.

cueillirent, au contraire, par des applaudissements enthousiastes, la proposition de Charles Toussac. D'un bout à l'autre de la place de Grève s'éleva ce cri unanime : « Navarre !
Navarre ! » Le massacre des Jacques était oublié...

Le roi de Navarre ayant prêté serment d'exercer loyalement et de son mieux les nouvelles fonctions dont on venait
de l'investir, Etienne Marcel se chargea de prévenir les
« bonnes villes » et de les inviter à se rallier sous la bannière du capitaine des Parisiens.

Cette invitation ne produisit pas l'effet qu'en attendait le
prévôt des marchands. Un certain nombre de villes : Amiens,
Rouen, Laon, Senlis, entre autres, reconnurent bien l'autorité
du roi de Navarre. Mais elles ne le firent qu'avec répugnance.
L'attitude du prince dans la contre-Jacquerie avait éveillé
contre lui des soupçons mérités, et les communications avec
Paris étaient trop lentes et trop difficiles pour qu'on pût faire
accepter aux communes provinciales les raisons politiques
qui avaient nécessité cette singulière alliance.

D'autre part, un grand nombre de ses gentilshommes, qu'il
n'avait pas eu le temps de mettre dans le secret de ses desseins ténébreux, se détachèrent de Charles le Mauvais. Ils
ne voulaient pas, même pour l'amour de leur prince, servir
« la canaille » contre « les honnêtes gens ». L'esprit de caste
l'emportait sur l'amitié et la fidélité. La division de la noblesse, sur laquelle comptait Etienne Marcel, ne se pouvait
accomplir. Cependant, si le roi de Navarre avait été sincère,
il eût pu être d'un puissant secours à la Révolution, car, en
outre, des mercenaires à son service personnel, il disposait
encore d'une armée de quinze mille volontaires dont Etienne
Marcel lui avait remis le commandement.

Mais tout autres étaient ses projets. Il ne craignait rien
tant que le triomphe définitif de Paris. Son but occulte était
de traîner les choses en longueur, d'user l'un par l'autre les
deux partis en présence et de profiter de leur lassitude pour
pêcher pour son propre compte une couronne en eau trouble.

On le vit bien dès la première sortie qui se fit sous ses ordres. Les milices de Paris, réunies aux compagnies navarraises, s'étaient aventurées avec lui assez loin dans la Brie, quand elles rencontrèrent un corps de troupes royales fort inférieur en nombre. Tout semblait promettre une victoire facile qui eût été fort sensible au régent.... Mais, au lieu de donner le signal de l'attaque, le roi de Navarre s'avança seul, au galop, vers les chefs ennemis, qui le reçurent comme un ami, et, après un entretien pacifique avec eux, il ordonna de battre en retraite. Ses soldats en murmurèrent très fort, l'accusant hautement de trahison.

Là-dessus, il retourna à Saint-Denis avec ses Navarrais, en disant aux Parisiens que c'était un assez grand service leur rendre, d'occuper ainsi les plaines situées au nord de la ville et les hauteurs de Saint-Cloud. Cependant, les ravages de l'armée du régent continuaient de plus belle sur la Seine et la Marne : la terreur régnait à dix lieues à la ronde. Même les gens du roi de Navarre ne se gênaient guère, en dépit de l'alliance, pour suivre l'exemple des soldats du duc de Normandie.... Les bourgeois furieux sommèrent alors impérieusement cet étrange auxiliaire d'avoir à tenir ses promesses, de prendre leur défense et d'arrêter par la force ces ruineuses déprédations.... Il fallait, à tout prix, qu'il s'exécutât....

Il le fit, en effet, mais pas comme il s'y était engagé et comme les Parisiens avaient le droit d'y compter. Au lieu de marcher contre les troupes du Dauphin, il entra en pourparlers avec lui et commença de trahir ouvertement le parti populaire. Le 8 juillet, les deux princes se rencontrèrent dans un pavillon sis près de l'abbaye Saint-Antoine. Là un traité de paix fut conclu. Il fut convenu que le roi de Navarre recevrait douze mille livres de rentes en terre et quatre cent mille florins, dont dix mille payables immédiatement et le reste par annuités de cinquante mille, jusqu'à parfait paiement. Il va de soi que ce fut, comme toujours, le menu peuple qui dut servir d'enjeu et de caution à ce contrat nouveau. Ces sommes devaient, en effet, être prélevées sur les aides fournies par les contribuables pour les frais de guerre, sans que le régent fût tenu personnellement de les garantir.

En retour, Charles le Mauvais s'engageait à s'unir au duc de Normandie, et à le servir *contre tous*, excepté contre le roi de France. Il abandonnait donc les Parisiens qui l'avaient témérairement mis à leur tête. Il fit même plus : il les livra. Il promit, en effet, qu'ils capituleraient et rentreraient dans l'obéissance, même qu'ils donneraient seize cent mille écus d'or (dix millions d'aujourd'hui), pour la rançon du roi, si le régent leur assurait une amnistie, dont, seuls, étaient secrètement exclus Etienne Marcel et douze autres bourgeois, au choix du duc.

Paris était vendu, livré, par l'un de ceux en qui il avait mis sa confiance. Ce n'était, hélas ! ni la première ni la dernière fois que ce malheur arrivait à la grande cité révolutionnaire....

Les deux princes jurèrent sur le crucifix d'exécuter fidèlement les engagements qu'ils venaient de prendre. Pourtant, ni l'un ni l'autre n'avaient l'intention de tenir leur serment. Voici un fait qui le prouve, en même temps qu'il caractérise d'une façon curieuse et typique les mœurs et les sentiments de l'époque. Une fois le traité conclu, les deux princes assistèrent ensemble à la messe que célébrait l'évêque de Lisieux, comme pour donner une sanction religieuse à leur réconciliation. Après la messe, l'officiant les invita tous les deux à s'approcher de la sainte table. Mais le roi de Navarre s'excusa, disant qu'il ne pouvait communier, n'étant pas à jeun, et le régent, saisissant la balle au bond, s'excusa de la même sorte, disant qu'il ne pouvait pas communier seul.... Bizarre superstition de ces deux dévots qui hésitent à commettre ce qu'ils appellent un sacrilège, mais qui n'hésitent pas à commettre un parjure ! La morale catholique a souvent de ces contradictions....

Le lendemain de cet acte de félonie, le roi de Navarre eut l'audace de retourner à Paris. Il comptait avoir facilement raison des résistances des chefs populaires et leur faire accepter le traité. C'est le contraire qui arriva. Il fut fort mal reçu, plutôt comme un ennemi que comme un allié. Sa trahison de la veille lui fut fort vivement reprochée, et sa vie même eût couru des dangers s'il n'avait eu l'habileté de présenter aux Parisiens le traité conclu avec le régent comme un bon tour joué à celui-ci. Il pouvait y renoncer sans crime, ajoutait-il, *puisqu'il n'avait pas communié*.

Cette volte-face apaisa quelque peu les ressentiments des Parisiens, mais elle n'apaisa point leurs défiances. Le roi de Navarre dut, en retournant à Saint-Denis, laisser en otages les hommes d'armes de son escorte.

« Etienne Marcel, jugeant que l'occasion était bonne de
» signifier au régent la rupture du traité et de compro-
» mettre, sans retour, le roi de Navarre, fit immédiatement
» faire une sortie contre les troupes royales. A côté des
» Parisiens marchaient les mercenaires du roi de Navarre ;
» mais, obligés de combattre contre des hommes avec qui,
» la veille encore, on leur disait que la paix était conclue,
» ils n'agirent qu'avec mollesse, et tout le poids de la lutte
» retomba sur les Parisiens. Ces bourgeois attaquèrent avec
» un grand courage ; quoique mal soutenus, ils tinrent bon
» jusqu'à minuit, et ne se retirèrent que devant le nombre
» écrasant de leurs ennemis [1]. »

Cet échec mit le comble à l'indignation des Parisiens. Des querelles violentes s'élevaient tous les jours entre les habitants et la garnison navarraise que Charles le Mauvais avait laissée dans la ville. Enfin, un beau jour, le 21 juillet, dans l'après-midi, les gens des métiers, ayant appris que le roi de Navarre recommençait à négocier avec le Dauphin, se jetèrent sur les étrangers, sur les *Anglais*, comme ils disaient,

---

[1] PERRENS, *Etienne Marcel*, p. 291.

et en tuèrent vingt-quatre. Les mercenaires navarrais campés
dans les environs vengèrent leurs camarades massacrés en
incendiant presque aussitôt le bourg Saint-Laurent, situé près
de la bastille Saint-Martin, sur l'emplacement où est aujour-
d'hui bâtie la gare de l'Est.

Jugeant alors la situation dangereuse, le roi de Navarre,
qui tenait à ne pas se brouiller définitivement avec les Parisiens, se rapprocha d'Etienne Marcel. Le peuple fut convoqué
pour le 22 juillet devant la Maison-aux-Piliers. L'assemblée
fut nombreuse, *mais elle fut aussi tumultueuse, hostile et
menaçante.* Les citoyens y vinrent armés et peu s'en fallut
même qu'on ne fît un mauvais parti au roi de Navarre, dont
l'éloquence rata complètement son effet habituel. A toutes ses
protestations, à toutes ses promesses, la foule ne savait répondre que par cette clameur sauvage : « Il faut tuer tous les
» Anglais ! » Tous les efforts de Charles le Mauvais et
d'Etienne Marcel lui-même furent impuissants à calmer cette
explosion de fureurs et de haines.

Une sortie contre les mercenaires campés à Saint-Cloud et
à Saint-Denis fut décidée et organisée séance tenante ; le
prévôt des marchands et le roi de Navarre furent même
obligés de marcher à la tête des neuf mille six cents volontaires, dont quinze cents cavaliers, qui s'étaient présentés
pour prendre part à l'expédition. Une colonne, la plus considérable, dont Etienne Marcel et le prince avaient pris le commandement, sortit par la porte Saint-Denis. L'autre colonne
prit par la porte Saint-Honoré.

Les Parisiens ne rencontrèrent personne, avis ayant été
donné aux Navarrais, cachés dans le bois de Boulogne, d'évi-
ter toute collision. Comme ils revenaient fort las, après avoir
couru tout le jour à l'ardeur du soleil, un peu à la débandade, traînant leurs épées, et leurs casques à la main, quatre
cents mercenaires, débusquant tout à coup d'un chemin
creux, où ils s'étaient blottis, tombèrent sur eux à l'improviste.
La panique se met dans leurs rangs ; c'est à peine si quel-

ques-uns essaient une résistance impossible. Deux cents sont tués sur place ; quatre cents autres, surpris dans leur fuite, sont tués isolément, l'un après l'autre..... Cent vingt furent massacrés de même le lendemain, comme ils sortaient avec des chariots pour aller relever leurs morts.....

Désormais, le roi de Navarre était impossible. Déjà les Parisiens lui avaient enlevé l'épée de capitaine, dont ses trahisons antérieures l'avaient rendu indigne. Après le double massacre de Saint-Cloud, ils cessèrent de le considérer comme un traître dont on se défie, ils le prirent pour un ennemi déclaré et résolurent de se conduire en conséquence.

Désormais, Etienne Marcel était perdu ; sa popularité s'écroulait ; il allait être enveloppé dans la même haine que celui dont il avait si malencontreusement recherché la déplorable alliance.

Le petit Châtelet.

CHAPITRE XIV

Mort d'Etienne Marcel. — Chute du parti démocratique.

C'était naturellement à Etienne Marcel et à ses amis que le peuple s'en prenait de ces difficultés et de ces désastres. Tel est le destin fatal qui attend inévitablement tous les dictateurs au détour du chemin. Ayant eu tout le pouvoir et l'initiative entière, c'est sur eux, en revanche, que retombe tout le poids de la responsabilité. S'ils réussissent, tant mieux : c'est la gloire ! S'ils échouent, tant pis ! c'est le déshonneur. Les simples citoyens, réduits au rôle subalterne d'instruments aveugles et dociles, finissent toujours, aux heures sombres où la foi chancelle, par accuser leurs conducteurs de toutes les fautes commises, de tous les échecs essuyés, de tous les maux subis.

C'est justice !

Etienne Marcel n'échappa point à cette inéluctable loi.

Si les sorties opérées par les assiégés restaient infructueuses, quand elles ne se terminaient pas, comme celle de Saint-Cloud, par une défaite ou une déroute, la faute en était évidemment au prévôt des marchands. C'était qu'il n'avait pas pris les précautions nécessaires, c'était que sa bonne volonté ou sa capacité n'étaient pas à la hauteur de sa mission..... Il faut bien avouer que ces accusations étaient mal fondées. Si le blocus n'avait pas été rompu, si le régent n'avait pas été forcé à lever le siège, cela tenait à tout un concours de circonstances défavorables, dont Etienne Marcel ne pouvait pas raisonnablement être rendu seul responsable, puisqu'il avait fait, au contraire, tout le possible pour les conjurer. N'avait-il pas lui-même conduit, en personne, avec beaucoup de bonheur, l'une des principales opérations militaires accomplies, en dehors des murs, pendant l'investissement ? C'était le 14 juillet — une date prédestinée aux révolutions heureuses : il s'agissait de dégager la ville de Corbeil, d'où le pain venait à Paris, et que les troupes royales avaient occupée. Etienne Marcel se mit bravement à la tête d'un petit corps de volontaires et de Navarrais, qui marcha sur Corbeil, tandis que, du côté de la porte Saint-Antoine, on poussait une vigoureuse sortie pour faire diversion. Le prévôt des marchands battit d'abord et mit en déroute la garnison de Corbeil, puis, revenant brusquement sur ses pas, il essaya de détruire ce pont de Charenton qui gênait si fort la défense. Il n'y put réussir complètement, parce qu'il n'existait, en dehors de Paris, aucun ouvrage avancé qui lui permît de prolonger la résistance et de couvrir les positions conquises, mais il avait, au moins, délivré Corbeil, infligé des pertes sérieuses aux assiégeants, capturé plusieurs convois de vivres, et fait prisonnier un précieux otage, messire Rigault de Fontaine, successeur de Robert de Clermont au maréchalat de Normandie. C'était, en définitive, une victoire appréciable.

Cela n'empêchait pas Marcel, au surplus, désireux de terminer par un arrangement honorable ce conflit dont il pressentait l'issue désastreuse, de nouer des négociations secrètes avec le régent, en vue d'une trêve et même de la conclusion de la paix. Une dernière entrevue eut lieu à Vitry, le 19 juillet, à laquelle assistèrent, en outre du Dauphin, du roi de Navarre et du prévôt des marchands, la princesse Jeanne, femme de Charles le Mauvais, dont les dispositions conciliatrices étaient connues, l'archevêque de Lyon et l'évêque de Paris, l'échevin Jean Belot, le prieur de Saint-Martin-des Champs, Colin le Flamand, et « d'autres habitants ». On le voit, Étienne Marcel n'avait pas voulu risquer une démarche aussi grave sans prendre conseil de citoyens autorisés et qui ne faisaient pas partie de son entourage intime. Cette scrupuleuse prudence ne lui réussit guère. Les mêmes gens qui lui reprochaient de vouloir la guerre à outrance lui firent un crime d'avoir accepté de discuter avec le duc de Normandie. Il avait, disait-on, humilié Paris qu'il représentait. Quoi qu'il fît, tout allait désormais tourner contre lui : il avait perdu l'oreille de la foule.

Nous avons déjà dit qu'il est véritablement merveilleux que, dans cette situation désespérée, les Parisiens ne soient pas morts de faim. Il fallut, pour conjurer la famine, cette redoutable alliée sur laquelle les assiégeants comptaient le plus, que la municipalité fît des prodiges. Les greniers étaient vides, les caisses à peu près à sec, presque toutes les communications coupées. Cependant les vivres ne manquèrent jamais complètement, grâce à l'habileté, à l'activité et au courage du prévôt et de ses collaborateurs. Il y eut disette, mais jamais famine. Cependant, la population, sournoisement excitée par les calomnies des ennemis personnels d'Étienne Marcel et des agents secrets que le régent entretenait dans Paris, ne lui sut aucun gré de ce tour de force. Loin de reconnaître que si la ville n'était pas absolument affamée, on le devait à sa vigilance, on lui imputait l'insuffisance et la difficulté des approvisionnements, la cherté croissante des vivres et toutes les horreurs de la misère !

Mais ce qui fit plus de tort que tout le reste au prévôt des marchands, ce fut sa malencontreuse alliance avec le roi de Navarre. Disons, cependant, à sa décharge, qu'il n'avait point, ce faisant, agi dans la plénitude de sa propre souveraineté, mais qu'il avait plutôt obéi à la pression populaire. Le roi de Navarre n'avait-il pas été longtemps l'enfant chéri des Parisiens? Ne l'avaient-ils pas eux-mêmes acclamé comme leur capitaine? Ne lui avaient-ils pas toujours fait d'enthousiastes ovations? En outre des raisons politiques, plus ou moins spécieuses, qui semblaient militer en faveur de cette déplorable association, Marcel n'avait-il pas pu croire qu'en s'y résignant il se conformait à la volonté de l'opinion publique? Toujours est-il que cette opinion ne lui demeura pas longtemps fidèle. Voyant ses nouveaux alliés garder une inaction qui dégénérait souvent, comme nous l'avons vu, en une hostilité flagrante, voyant surtout que le roi de Navarre était toujours à la veille de les trahir, les Parisiens s'émurent, et leur ancien engouement pour ce prince fit bientôt place à la défiance et à la haine. Ce fut naturellement à Marcel qu'ils s'en prirent encore de cette désillusion cruelle, dont cependant la faute devait bien leur revenir pour une large part.

Ce dernier coup fit perdre la tête à Etienne Marcel. Au lieu de se conformer à cette politique traditionnelle, qui, jusqu'alors, avait fait sa force, et qui consistait à se prêter docilement aux oscillations de l'opinion, il commença de braver ouvertement la volonté populaire. N'ayant plus rien à perdre, puisqu'il se sentait irrémédiablement compromis et dépopularisé, il se mit à entasser faute sur faute, maladresse sur maladresse. Quand des rixes sanglantes commencèrent à s'engager quotidiennement entre Navarrais et Parisiens, Etienne Marcel prit résolument parti — peut-être par humanité, peut-être par un sentiment plus personnel et moins noble — pour les soldats du traître Charles le Mauvais. Aux débuts, il usait encore de stratagème, n'osant pas encore risquer une rupture définitive avec ses anciens partisans. Ainsi, le 21 juillet, jour de la première bataille dans les rues, il ne fit pas défendre les mercenaires par ses hommes d'armes, contre les gens des métiers, mais il les fit arrêter et conduire au Louvre, sous le prétexte de les jeter en prison. C'était pour leur sauver la vie. La nuit suivante, en effet, les prisonniers furent mis en liberté, et il les fit secrètement sortir de la ville par la porte Saint-Denis.

On le sut dans Paris, et le mécontentement contre Marcel s'en accentua davantage. Aussi, quand il revint à la Maison-des-Piliers après le désastre de Saint-Cloud, — qu'on n'était pas loin de l'accuser d'avoir préparé, de connivence avec le roi de Navarre, — fut-il accueilli par des huées significatives.

Désormais, il n'allait plus garder aucun ménagement. Aveuglé par la colère que lui inspirait l'injustice de ces reproches, il voulut tenter, par un coup d'éclat, de reconquérir son prestige. Il restait encore au Louvre quarante-huit Navarrais qu'on n'avait pu faire sortir en même temps que leurs compagnons : après le double massacre de la porte Saint-Honoré, il devenait fort dangereux de les mettre en liberté, quoi qu'ils fussent innocents de ce guet-apens. Marcel n'hésita pas. Le 27 juillet, il se rendit au Louvre avec deux cents hommes d'armes qui lui étaient dévoués corps et âme ; malgré le peuple qui murmurait sourdement, mais qui hésitait encore à se révolter contre le chef adoré la veille, il fit, en plein jour, conduire les prisonniers hors Paris par la porte Saint-Honoré. Les gens de l'escorte avaient leurs arbalètes bandées, et demandaient ironiquement, le long du chemin, si l'on avait quelque chose à dire sur la délivrance des *Anglais*. Cette provocation inutile ne fut point relevée, mais elle ne pouvait avoir d'autre effet que d'exaspérer le ressentiment public et d'achever de désaffectionner d'Etienne Marcel ceux qui l'avaient si longtemps et si fidèlement soutenu.

Dorénavant, ses ennemis avaient beau jeu. Déjà la haute bourgeoisie s'éloignait ostensiblement d'Etienne Marcel, à qui elle ne pouvait pardonner d'avoir soutenu les Jacques et de pactiser avec « la canaille ». D'autre part, c'était elle qui souffrait le plus d'un siège qui troublait ses habitudes de luxe, et la ruinait même, en livrant sans défense aux déprédations des assiégeants les riches domaines qu'elle possédait aux environs de Paris. Soulevée un instant au-dessus d'elle-même par l'espérance de conquérir le pouvoir et de recueillir la succession de la noblesse et de la monarchie, elle s'était bientôt laissé abattre par les difficultés, les obstacles et les revers. Elle ne désirait plus que la paix, dût cette paix être achetée au prix de la tête du prévôt et des autres magistrats municipaux. Il n'y avait plus guère à suivre encore la fortune des instigateurs de la révolution que les gens des métiers et le menu peuple. Et encore cette fidélité ne se maintenait-elle guère que par habitude et par routine, et parce que les pauvres qui n'avaient point de propriétés à défendre et qui étaient de longue date accoutumés aux privations, étaient moins accessibles au découragement et à la lassitude. Cependant l'inquiétude les gagnait eux-mêmes et les calomnies habilement semées par les affidés du régent trouvaient tous les jours plus d'écho dans leurs rangs.

Il paraissait certain que le complot qui s'ourdissait presque ouvertement dans Paris, et qui avait pour but d'ouvrir les portes au régent et de lui livrer Étienne Marcel et ses amis, n'attendait plus, pour réussir, que le moment opportun. Le prévôt des marchands en était réduit à défendre sa vie..... !

Une dernière tentative de conciliation fut risquée auprès du régent, mais elle n'aboutit qu'à faire découvrir à celui-ci le fond de sa pensée et son inextinguible soif de vengeance. Sachant que ses ennemis étaient à la dernière extrémité, il aggrava ses exigences antérieures, et ne se bornant plus à demander, comme autrefois, que six ou douze bourgeois lui fussent remis à discrétion, il répondit aux négociateurs qu'il ne rentrerait pas dans Paris tant que le meurtrier des maréchaux serait en vie. Étienne Marcel ne put conserver de doutes sur ces cruelles conditions, car elles furent consignées dans une lettre qui lui fut remise en mains propres.

C'est ce qui le décida à se rejeter dans les bras du roi de

Navarre et à lui offrir la couronne qu'il convoitait secrètement.

Il y a cinq siècles que Marcel est, de ce chef, accusé de trahison. Cette accusation est-elle exacte ? Est-elle méritée ? La négative s'impose à qui veut examiner la question froidement et sans parti-pris comme sans passion.

Qui donc Marcel a-t-il trahi ? Il ne peut s'agir évidemment du régent, puisqu'il était en guerre avec lui, et que celui-ci ne souhaitait rien tant que son supplice.

Est-ce donc davantage le parti populaire ?

Mais ce parti disloqué, ruiné, découragé, semblait irrévocablement perdu et sa seule chance de salut c'était peut-être, précisément, la coûteuse alliance du roi de Navarre ! Il ne faut pas, pour juger les hommes, les isoler de leur temps ni de leur milieu : nous l'avons déjà dit et ne saurions trop le répéter. Or, à cette époque reculée, le fétichisme monarchique était à son apogée ; la royauté semblait une institution nécessaire, essentielle, et ceux-là mêmes qui s'insurgeaient, à bout de patience, contre son arbitraire et ses abus, n'allaient pas au-delà de la découverte d'un *bon roi*. La révolution de 1356 n'était pas — gardons-nous de l'oublier ! — une révolution républicaine : le principe monarchique, placé, par les préjugés courants, au-dessus de toute discussion, n'avait point été visé par elle. Tout au plus, ses principaux initiateurs avaient-ils voulu rogner quelque peu les prérogatives du souverain, lui imposer le contrôle des Etats et constituer quelque chose d'analogue à ce qui s'est appelé depuis la monarchie constitutionnelle. Seul, peut-être, Etienne Marcel avait eu des vues plus longues et des desseins plus radicaux. Son but avait été longtemps d'organiser la fédération des communes et le gouvernement de leurs délégués réunis en une sorte de convention nationale. Mais cette entreprise prématurée n'avait point réussi, pour toutes sortes de raisons que nous avons exposées et commentées en passant.

Pour ne pas perdre le fruit de tant de douloureux efforts,

il ne restait donc plus qu'une ressource suprême. C'était de choisir, entre tous les prétendants en présence, celui qui paraissait le moins dangereux pour la cause démocratique, sauf à lui lier les mains, à ui imposer des conditions suffisamment tutélaires, et même, plus tard, à recommencer contre lui la révolution avortée, dans des conditions plus favorables et sur un terrain plus propice. L'hésitation ne pouvait être longue. Comment Marcel se fût-il rapproché du duc de Normandie, dont le succès eût évidemment doublé l'arrogance et la vanité, en même temps qu'il eût assis son pouvoir sur des fondements inébranlables? D'ailleurs, nous savons qu'il l'avait inutilement tenté, et qu'à toutes ses propositions de paix, le Dauphin avait répondu en demandant non seulement le sacrifice de toutes les conquêtes faites par le peuple, mais encore sa propre tête et celle de ses amis.

Restait donc le roi de Navarre. Sans doute c'était là un piteux auxiliaire, dont une lamentable expérience avait appris à connaître l'inconstance et la perfidie. Mais le prévôt des marchands ne pouvait agir suivant ses préférences : force lui était entre plusieurs maux de choisir le moindre. D'autre part, il savait que Charles le Mauvais sacrifiait tout à son ambition et que lui faciliter l'accès du trône c'était le plus sûr moyen de se l'attacher définitivement. La cause populaire étant, pour le moment, hors d'état de vaincre, ne valait-il pas mieux mettre ce qui lui restait de forces au service du plus aventureux de ses ennemis, afin d'écraser l'autre, et de réserver à ses revendications la possibilité d'un retour offensif?

Marcel, d'ailleurs, et ses collègues du corps municipal, dont la tête était mise à prix et qui n'avaient plus rien à ménager, étaient bien résolus à prendre leurs précautions, et à frapper un coup terrible sur la noblesse, avant de se livrer au roi de Navarre. Il paraît vraisemblable, quoique le fait ait été souvent contesté et même démenti, qu'ils avaient

Mort d'Étienne Marcel.

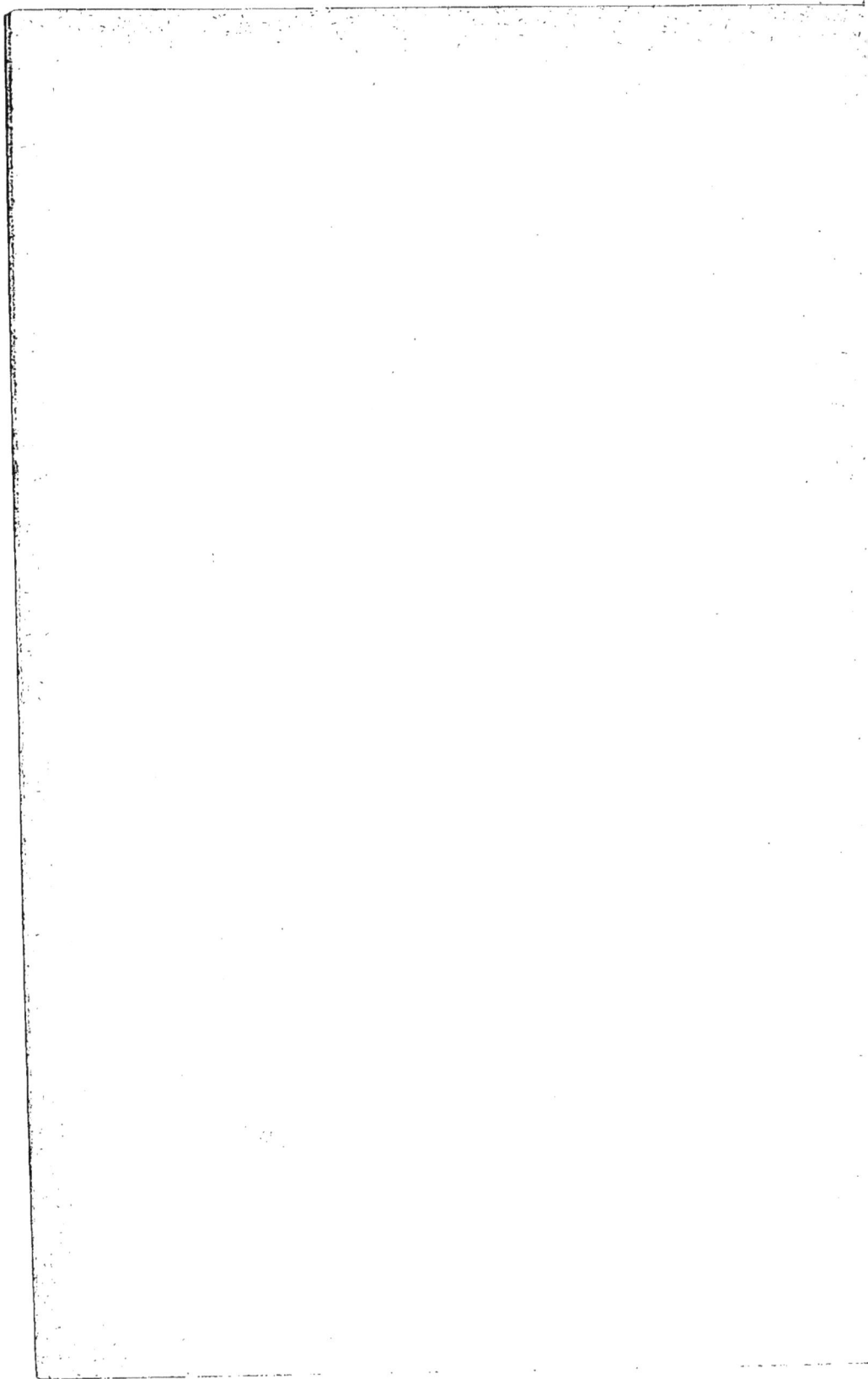

l'intention de massacrer tous les gentilshommes et tous les
émissaires du régent qui pouvaient se trouver dans la ville.
On dit même que les portes des maisons des futures victimes
étaient déjà marquées à la craie.... L'aristocratie ne s'en
fût pas relevée !

Malheureusement, il était trop tard, et le complot tramé
contre Marcel était à la fois trop avancé et en trop bonne
voie pour que ce contre-complot pût aboutir. Cependant le
roi de Navarre avait accepté avec le plus vif empressement
les propositions qui lui étaient faites par le chef de la bourgeoisie. Déjà il se mettait en mesure d'agir de concert avec
eux : il avait renforcé son armée et pris à sa solde tous les
capitaines de routiers du voisinage afin de faire occuper par
eux Paris, certaines bonnes villes, et les meilleurs châteaux
qui en défendaient les avenues.

Mais un incident imprévu allait venir déranger ces projets,
et, par la mort de Marcel, les changer en catastrophe, en
entraînant en même temps la ruine définitive du parti démocratique.

C'était la nuit du 31 juillet au 1er août qui avait été fixée
pour l'exécution du complot et l'introduction dans Paris
des troupes du roi de Navarre. Sur le soir, Etienne Marcel
se rendit à la Bastille-Saint-Denis, grand portail flanqué de
tours, qu'il avait fait construire. Pour dépister les soupçons,
et ne pas attirer l'attention des gardes de la porte sur les
cinquante ou soixante amis, tous armés, qui l'accompagnaient, il avait prétexté un banquet.... Tout se passa
d'abord paisiblement, et le plan concerté allait se réaliser
sans encombre, quand survint tout-à-coup l'échevin Jean
Maillard, avec une troupe d'hommes d'armes.

Il n'est peut-être pas superflu, avant d'aller plus loin, de
dire ce qu'était ce Jean Maillard, dont la subite apparition
devait si profondément modifier les événements et exercer une
influence si considérable sur la suite de l'histoire française.

Les historiens royalistes, qui doivent bien, au surplus, un

tribut mérité de reconnaissance à ce « sauveteur » de la monarchie, le portent aux nues, et prétendent que c'était un patriote dont la trahison d'Etienne Marcel souleva à ce point l'indignation et la colère, que, quand il la vit sur le point de s'accomplir, il ne put s'empêcher de se mettre en travers au risque de sa vie. Rien n'est plus faux.

Jean Maillard était, en même temps, allié à la famille de Marcel et l'un de ses plus intimes amis. Aussi le prévôt avait-il en lui la plus grande confiance : il lui avait même donné les fonctions d'échevin et la garde de l'une des portes de la ville. Longtemps Maillard avait paru digne de ces faveurs ; il était connu par les Parisiens pour ses opinions démocratiques et passait même pour l'un des plus fervents et des plus fidèles champions de la cause populaire.

Mais, à la dernière heure, poussé sans doute par la jalousie et par la peur de se compromettre sans retour, il s'était insensiblement détaché du prévôt des marchands et avait prêté l'oreille aux suggestions de Pépin des Essarts et de Jean de Charny, qui étaient, dans Paris, les principaux chefs des espions du Dauphin. C'est à ce moment que, soit pour donner le change, soit pour l'entraîner par des moyens extraordinaires dans le parti royaliste, le régent confisqua ses biens pour les donner au comte de Portien.

Suivant Secousse et M. Lacabane, cette confiscation n'eût été qu'une simple comédie, jouée d'accord avec Maillard lui-même. Suivant d'autres historiens, on le soupçonnait de tenir moins à sa cause qu'à ses richesses, et on voulait ainsi, en lui laissant entrevoir la possibilité de rentrer en possession de ses biens perdus, le décider à entrer dans la conjuration, où, d'avance, la première place lui était réservée.

Quelle que soit la version exacte, toujours est-il que Maillard, dont personne, dans Paris, n'eût songé à révoquer la loyauté en doute, passa subitement à l'ennemi et accepta de tuer celui qui était à la fois son protecteur, son ami, son parent et la tête de colonne de son parti.

« L'habileté des deux gentilshommes, Pépin des Essarts et
» Jean de Charny, qui avaient conduit toute cette affaire, n'a
» d'égale que la perfidie de Maillard. Tandis qu'il nouait des
» intelligences avec eux et arrêtait l'exécution du complot, il
» continuait d'assister, en qualité d'échevin, aux conseils
» secrets de la Commune et la connaissance qu'il avait des
» desseins de ses amis ne lui servait qu'à mieux les déjouer
» et les trahir. C'est parce qu'il savait que le roi de Navarre,
» qui se trouvait à Saint-Denis, entrerait, selon toute appa-
» rence, dans la ville par la porte de ce nom, qu'il s'en fit
» donner la garde, en même temps qu'à Simon, son frère,
» dont il s'était assuré la complicité[1]. »

Il existe, d'ailleurs, des preuves attestant, d'une manière
irréfutable, que Maillard n'a pas obéi à un élan de patriotisme
plus ou moins raisonné, et que, tout au contraire, ce fut un
renégat vulgaire, qui, sous l'empire d'un mobile quelconque,
mais vil et bas à coup sûr, — envie, ambition ou cupidité, —
se fit le mouchard du régent et lui livra ses coreligionnaires
politiques. Voici les principales. A peine rentré dans Paris,
le duc de Normandie comble Maillard de bienfaits. Il lui
donne « cinq cents livres de terre à Parisis, à sa vie, sur le
» tabellionage et scel de Meaux ». (*Trésor des Chartes*,
reg. 96, année 1364, pièce 55.) Il lui fait donation de l'hôtel
de Léry qui valait cinq cents livres de rentes, accepte d'être
parrain de son fils, et finit même, en 1372, par l'anoblir ainsi
que sa femme, ses deux fils, Jean et Charles, et sa fille Jacque-
line. En outre de cette large part dans les dépouilles des vaincus et de tous ces honneurs que les princes n'accordent guère
qu'à ceux qui leur ont rendu de signalés services, il fut admis
à faire partie du conseil royal. Ajoutons enfin que nombre
de grâces et de faveurs octroyées à des tiers le furent « sur
» la demande, par amour et en contemplation dudit Jehan
» Maillard ». C'est ainsi que son frère Simon devint maître

---

[1] PERRENS, *Etienne Marcel*, p. 315.

des eaux et forêts du roi et que deux Parisiens, Jean Chaudelin et Jean Roze, qui avaient fait partie, avec les Jacques, de l'expédition du marché de Meaux, reçurent leur pardon.... Tout semble donc confirmer que Maillard, qui avait été pourtant l'un des premiers à encourager Marcel à la révolte, joua, dans toute cette affaire, un rôle de Judas !

Mais revenons à notre récit.

Il n'était pas encore minuit sonné, quand Marcel et ses amis arrivèrent, en sortant de table, à la porte Saint-Denis. Le prévôt commença par ordonner aux hommes qui accompagnaient les frères Maillard de se retirer, attendu, leur dit-il, que « poinct n'estoit besoing de tant de monde pour » deffendre la bastille ». Puis, jugeant le moment opportun venu, il donna l'ordre de remettre les clefs de la porte à Joceran de Mâcon, trésorier du roi de Navarre.

C'était l'occasion qu'attendait Jean Maillard. « Pour ce, disent les *Grandes Chroniques* [1], se traist vers le prévost et » luy dist que l'on ne bailleroit poinct les clefs audict Joceran. » Et eust plusieurs grosses parolles entre ledict prévost et » ledict Joceran d'une part, et ledict Jehan Maillard d'autre » part. » Il se passa alors une scène confuse sur laquelle les anciens chroniqueurs ne sont point d'accord. Voici la version de Froissart : « Le premier parler que dist Jehan » Maillard, ce fut qu'il demanda audict prévost par son nom : » *Estienne, Estienne, que faictes-vous icy à cette heure? —* » *Et respondist* ledict prévost : *Jehan, à vous qu'en monte* » *de sçavoir? Je suis cy pour prendre garde de la ville dont* » *j'ay le gouvernement.* — *Par Dieu*, respliqua Jehan » Maillard, *il ne va mie ainsi; mais n'estes cy à cette heure* » *pour nul bien; et je vous le montre*, dist-il à ceulx qui » estoient de lez lui, *comment il tient les clefs des portes en* » *ses mains pour traïr la ville!* — Le prévost redist : *Vous* » *mentez! — Par Dieu*, cria Jehan Maillard, *traître, mais*

---

[1] T. VI, chap. LXXXIX.

» *vous mentez !* et tantôt férit à lui et dist à ses gens : *A la*
» *mort ! A la mort tout homme de son côté, car ils sont traî-*
» *tres !* Là eust grant hutin et dur ; et s'en fust volontiers le
» prévost des marchans enfui s'il eût pu ; mais il fut si hasté
» qu'il ne put. Car Jehan Maillard le férit d'une hache sur la
» teste et l'abattit à terre, quoique ce fust son compère, ni ne
» se partit de luy jusqu'à ce qu'il fut occis et six de ceulx qui
» là estoient, et le demeurant pris et envoyé en prison..... »

D'après le récit plus vraisemblable du continuateur de
Nangis, après une altercation violente, Maillard aurait pris
une bannière, et, suivi de ses amis, parcouru les rues qui
conduisaient aux halles, en criant, pour soulever le peuple :
« Montjoie et Saint-Denis ! au roi et au duc ! » Pendant ce
temps-là, Marcel aurait couru à la porte Saint-Antoine, où il
aurait rencontré de nouveaux conjurés, partisans de Maillard.
C'est là qu'il aurait péri sous les coups de gardes obscurs,
avec les cinquante-quatre de ses fidèles qui l'avaient accompagné.

Que ce soit d'une manière ou d'une autre, ce qui est certain,
c'est que Etienne Marcel fut tué cette nuit-là par des agents
du Dauphin.

Pendant que le meurtre s'accomplissait, les autres conjurés
ne perdaient pas leur temps. En quelques heures, et malgré
la résistance des partisans de Marcel, et notamment de son
frère Gilles, clerc de la marchandise et greffier de la municipalité, qui succomba en défendant la porte Baudoyer [1], ils
occupaient les principaux points stratégiques de la ville, les
Halles et la Maison-aux-Piliers. En même temps, comme les
listes des proscriptions avaient été dressées à l'avance,
Charles Toussac, Joceran de Mâcon et plus de soixante personnes connues pour leur dévouement à la cause populaire,
étaient jetés dans les cachots du Châtelet, tandis qu'on traînait ignominieusement par les rues les cadavres d'Etienne

---

[1] Sise sur l'emplacement de la mairie actuelle du IVᵉ arrondissement.

Marcel et de ses amis Pierre Giffard et Jean de Lisle, pour les exposer nus et mutilés sur les marches de l'église Sainte-Catherine du val des Écoliers.

Le lendemain matin, après avoir délégué son frère Simon, et deux avocats au Parlement, Jean Alphons et Jean Pastoret, pour informer le Dauphin que ses ennemis « avaient vécu » et le supplier de rentrer dans sa « bonne ville[1] », Jean Maillard assembla les Parisiens aux Halles. Là, il leur conta comment cette même nuit, la ville devait être *courue* et détruite, si Dieu ne l'avait éveillé lui et ses amis, lui permettant ainsi de découvrir et de déjouer l'horrible trahison... On vit alors un triste exemple de cette lâcheté de la foule dont fourmille l'histoire de toutes les révolutions vaincues. « Ceux qui, la veille, avaient pris les armes pour *vivre et mourir avec les chefs du peuple,* déclaraient, le lendemain, ne s'être armés que pour ouvrir au régent les portes de Paris. En un clin d'œil, tous les chaperons rouges et bleus avaient disparu, chacun donnait des marques bruyantes de joie... », et les dénonciations commençaient à pleuvoir (PERRENS. *Étienne Marcel*, p. 319).

Il faut dire cependant, pour être juste, que cette défaillance ne fut pas générale, mais fut, au contraire, compensée par d'honorables et courageuses exceptions. « Ainsi, Nicolas de la Courtneuve donna l'exemple de la résistance aux vainqueurs. Garde de la Monnaie de Rouen, il avait été nommé, par Étienne Marcel, aux mêmes fonctions à la Monnaie de Paris. Il resta à son poste, alors que tant d'autres abandonnaient le leur, et il sut empêcher qu'aucun de ses ouvriers se prononçât pour Maillard et le régent. Le lendemain de la mort du prévôt, Jean le Flamant, maître de la Monnaie de ro', s'étant présenté à l'Hôtel des Monnaies pour en prendre possession et s'en faire remettre les clefs, Nicolas

---

[1] C'est là une preuve de plus que ce n'était pas dans l'intérêt de la démocratie que les ennemis de Marcel avaient entravé ses projets et l'avaient lui-même mis à mort, sous le fallacieux prétexte qu'il trahissait...

» de la Courtneuve refusa d'obéir, attendu, dit-il, qu'on ne
» savait pas encore qui était le seigneur. En vain Jean le
» Flamand l'assura qu'il n'y avait plus de doute sur la pro-
» chaine rentrée du Dauphin dans la ville, Nicolas persista
» dans son refus. Lorsque, enfin, il se fut assuré qu'il n'y
» avait plus d'espérance, il consentit à céder la place ; mais,
» par un louable sentiment de dignité, plutôt que de remettre
» les clefs à un officier du régent, il les donna à Pierre Le
» Maréchal, qu'Etienne Marcel avait nommé maître parti-
» culier des monnaies. » (PERRENS.)

Nicolas de la Courtneuve, qui trouva sans doute des imi-
tateurs, quoique son exemple soit à peu près le seul qui nous
soit parvenu avec quelques détails, eut la chance d'échapper
à la réaction épouvantable qui suivit la mort de Marcel et sur
laquelle il ne sera pas inutile d'insister quelque peu.

CHAPITRE XV

Réaction royaliste.

Le Dauphin n'osa pas rentrer dans Paris avant d'avoir fait un exemple terrible. Il y mit comme condition préalable que certaines personnes qu'il désigna subiraient la peine capitale.

Immédiatement un tribunal extraordinaire fut improvisé, qui, dans une seule journée, avait rendu son simulacre de jugement, ou, pour mieux dire, la sentence de condamnation arrêtée d'avance. Dès le lendemain matin, Charles Toussac et Joceran de Mâcon étaient décapités en place de Grève.

Le régent, croyant alors Paris assez humilié et assez terrifié, fit, le soir même, sa rentrée triomphale. Il fut reçu en grande pompe par les conjurés, par l'évêque de Paris et son clergé, les délégués de l'Université, des ordres religieux et des principaux corps de métiers.

La population, en général, ne montra pas un énorme enthousiasme, mais la coterie des espions et des conspirateurs sut largement racheter cette froideur par son zèle et ses acclamations soudoyées. Cependant, sur la route, il se produisit un incident qui montre bien que la défaite n'avait pas fait perdre à Etienne Marcel toutes les sympathies populaires.

Un artisan sortit tout à coup de la foule au moment où le duc de Normandie passait devant lui : « Pardieu, Sire, » s'écria-t-il, si j'avois été cru, vous n'y fussiez jà entré ; » mais, après tout, on y fera peu pour vous ! » — A ces paroles, le comte de Tancarville, qui était à cheval en avant de son maître, tira son épée et voulut se jeter sur ce trouble-fête. Mais le Dauphin, qui n'était pas absolument rassuré, le retint par le bras, se contentant de répondre avec un sourire contraint : « On ne vous en croira pas, beau sire ! » — « Pensa ce prudent prince, ajoute Christine de Pisan, » que si l'on tuoit cet homme, la ville se fût bien pu » émouvoir. »

C'est là une preuve de la vitalité que conservait encore le parti démocratique.

Le Dauphin le sentit très bien. Aussi, dès sa rentrée, alla-t-il se réfugier au château du Louvre, dont les fortes murailles lui inspiraient plus de confiance que la fidélité des Parisiens.

Aussitôt les représailles commencèrent. Le sang de Charles Toussac, de Joceran de Mâcon, de Pierre Giffard et d'Etienne Marcel lui-même n'avait point apaisé la haine du vainqueur ni sa soif de vengeance. D'abord, on répandit contre les vaincus les plus infâmes calomnies. C'est dans l'ordre. Puis, c'était le moyen de préparer le peuple aux confiscations et aux nouveaux supplices dont on allait donner le signal.

Ce fut une immense curée dont bénéficièrent non-seulement ceux qui avaient joué un rôle quelconque dans la restauration, mais encore tous ceux qui avaient perdu quelque chose dans la Jacquerie ou qui avaient été antérieurement l'objet de mesures de rigueur de la part des Etats Généraux. Il suffisait d'appartenir, réellement ou en apparence, au parti du régent, pour avoir droit à une part du butin. Il suffisait, en revanche, d'avoir eu de près ou de loin, la moindre attache avec le parti vaincu, il suffisait

même d'en être accusé par un ennemi influent, pour se voir
dépouillé au profit du dénonciateur. « Un même décret pou-
» vait ainsi statuer sur la spoliation de l'un et sur la
» récompense de l'autre. »

Nous n'entrerons pas dans le dénombrement de ces confiscations dont nous avons déjà cité plus haut quelques-unes
à propos de Jean Maillard. Signalons seulement que les biens
d'Etienne Marcel furent donnés à Jean de Dormans, évêque

Hôtel d'Etienne Marcel, rue de la Vieille-Draperie.

de Lisieux et chancelier de Normandie, sauf son hôtel de la
rue de la Vieille-Draperie, dont hérita la congrégation des
Quinze-Vingts. Ce qu'il y a de curieux, c'est que cette con-
fiscation ne fut ordonnée que trois mois après la mort de
Marcel. Jacques des Essarts eut les biens de Charles de
Toussac, et le maréchal de Boucicault ceux de Robert
Lecoq.

On ne se borna pas, au surplus, à frapper les vaincus
dans leurs biens : on les frappa aussi dans leurs personnes.
Les deux suppliciés du 2 août ne furent pas les seuls.
L'épicier Pierre Gilles, chef de l'expédition de Meaux, le
chevalier Gilles Cuillart, qui avait livré à Marcel l'artillerie.

du Louvre, Jean Prévost, Pierre Leblont, Pierre de Puisieux, Jean Godart, et une foule d'autres citoyens plus obscurs, furent livrés au bourreau, torturés et mis à mort. Nombre d'autres périrent de faim ou de misère dans les oubliettes du Châtelet [1].

Il va de soi que les coups de cette impitoyable réaction tombaient un peu à tort et à travers, et au moins autant sur les innocents que sur les coupables. C'est ce qui prouve que dans les discordes civiles, il vaut encore mieux prendre parti et choisir son drapeau : la neutralité n'est point une garantie.... Il suffisait d'avoir fourni des vivres, même par contrainte, aux insurgés, pour devenir suspect. Le *Trésor des Charles* reproduit, par exemple, les lettres de rémission accordées à Pierre Heppart de Saint-Brice, boulanger, qui avait été obligé, à Saint-Denis, de faire cuire du pain pour le roi de Navarre et les siens, « *à son grand dé-* » *plaisir* [2] ».

La populace applaudissait à ces cruautés. Malheur à l'homme qu'on appelait « Navarrais » dans la rue ! Il courait grand risque d'être mis en pièces Il faut ajouter, au surplus, pour être juste, que cette haine contre les Navarrais s'expliquait assez aisément. Furieux, en effet, de l'avorte-

---

[1] D'autres personnages, au contraire, très gravement compromis, eurent la chance d'échapper à cette réaction furieuse. Ainsi, Robert Lecoq put se retirer dans son évêché de Laon, sans être inquiété. Il ne mourut que longtemps après, évêque de Calahorra, en Navarre.

Un autre citoyen, Laurent de Veulettes, lingier et priseur juré à Paris, avait été chargé par Marcel de procéder à l'inventaire des biens de Philippe Ogier, secrétaire du régent. Il trouve un écu à fleurs de lys, il crache dessus, le pique avec un couteau, en ajoutant des injures sanglantes à l'adresse du roi et du dauphin. L'offense avait été publique, et de celles que les princes ne pardonnent guère. Cependant, il fut gracié, « attendu, disent les lettres » de rémission, qu'il a agi par pure ignorance et simplicité, et comme ému » de chaleur, et pour avoir l'amour et le plaisir des autres commissaires ».

Martin Pisdoé, l'un des fidèles de Marcel, obtient également sa grâce, moyennant une « composition » de 700 florins ; mais il y est dit « qu'il » n'avait rien fait que pour esquiver le péril de sa vie ». Or, il était à la veille de conspirer de nouveau.

C'est l'histoire de toutes les réactions, aussi capricieuses que cruelles !

[2] Reg. 86, f° 156.

ment de cette combinaison qui devait lui donner la couronne, Charles le Mauvais, allié de nouveau aux Anglais, s'était mis, pour se venger, à piller le Gâtinais et la Brie, et à enlever les convois de bois et de vivres qui se dirigeaient vers Paris.

La disette, qu'on ne pouvait plus désormais imputer à Etienne Marcel, était pire que pendant le siège. Les gens étaient réduits, pour faire du feu, à couper tous les arbres fruitiers de leurs jardins ; le setier de blé, qu'on donnait auparavant pour douze sols, était monté à trente livres... D'autre part, le duc de Normandie n'avait ni l'habileté, ni l'activité, ni la fécondité de ressources des révolutionnaires vaincus, et ni Gatien Tristan, le nouveau prévôt des marchands, ni le prévôt royal Hugues Aubriot n'étaient à la hauteur des difficultés du moment.

C'est alors que le régent eut de nouveau recours aux abus contre lesquels l'opinion publique s'était tant de fois soulevée et que la Révolution communale semblait avoir détruits à jamais.

Dès le 5 août, par exemple, il recommençait à altérer les monnaies. Le marc d'argent valut légalement vingt livres. « C'était, dit M. Henri Martin, la plus faible monnaie qu'on » eût jamais fabriquée. Plusieurs des hommes courageux qui » avaient tant lutté contre ces mesures spoliatrices purent » entendre crier l'édit sur leur passage en marchant à la » mort. »

Cette manie de sophistication était chez le Dauphin un système. En 1359, il bouleversa seize fois les monnaies ; en 1360, il les bouleversa dix-sept fois. Et ces altérations, dit Perrens, étaient d'autant plus graves qu'au lieu de se faire progressivement, elles faisaient succéder jusqu'à onze fois la hausse à la baisse, quelquefois dans des proportions énormes : ainsi l'édit du 27 mars 1360 décuplait du jour au lendemain la valeur de l'or...

D'autre part, la famine, comme nous l'avons déjà dit, sé-vissait de plus belle ; les excès de la soldatesque et des

brigands n'étaient pas moindres qu'au lendemain de la bataille de Poitiers, et le Dauphin était aussi impuissant à
remédier à ces maux qu'à chasser les Anglais du royaume.
Il n'avait pourtant plus à invoquer, comme prétexte ou
comme excuse à son inertie, l'insurrection parisienne...

Aussi il ne tarda pas à se manifester dans la population,
en dépit des confiscations et de la terreur, une fermentation
sourde, mais pourtant menaçante, qui gagna bientôt les gens
eux-mêmes dont l'indifférence ou la lâcheté avaient favorisé
la ruine du parti démocratique.

On se plaignait que la paix ne rendît aucun des biens
qu'avait compromis la guerre civile. Le régent eut beau
ordonner à son prévôt, Hugues Aubriot, de respecter et au
besoin de rétablir les améliorations, les réformes et les
procédés dont Etienne Marcel avait donné le premier le glo-
rieux exemple ; il eut beau décréter une espèce d'amnistie et
substituer aux poursuites judiciaires des « compositions » en
argent, comme au temps des Mérovingiens, il ne réussit pas
à rassurer les esprits, ni à apaiser leur effervescence. Sans
doute, ceux qui craignaient pour leur vie s'estimaient heureux de pouvoir la sauver par le sacrifice d'une partie de
leurs biens, mais, en général, on n'avait pas assez de confiance en la bonne foi du régent pour que cette clémence
intéressée parût une garantie suffisante de sécurité. On re-
grettait le gouvernement révolutionnaire, dont la comparai-
son n'était pas avantageuse pour le nouveau régime. Il faut
ajouter que les lettres d'abolition que le nouveau prévôt des
marchands, Gatien Tristan, avait arrachées au duc de
Normandie, pour se faire pardonner sans doute de succéder
à Marcel, contenaient trop d'exceptions pour être prises au
sérieux. Etaient exclus, en effet, « ceux qui étaient coupables
» de haute trahison, c'est-à-dire qui avaient été du conseil
» secret d'Etienne Marcel, ceux qui voulaient s'opposer à la
» délivrance du roi Jean, mettre le Dauphin dans les fers
» et Charles de Navarre sur le trône ». Cette grâce, qui,

suivant les interprétations, pouvait comprendre ou excepter tout le monde, ressemblait vraiment à une sinistre plaisanterie !

« Etienne Marcel n'était pas mort tout entier [1]. » Parmi les survivants de l'hécatombe, il fallait compter encore nombre d'hommes vaillants et résolus qui n'attendaient que le moment de reprendre son œuvre et de rallier autour du nom du célèbre prévôt, et pour la même cause, les débris épars du parti révolutionnaire.

Le mécontentement soulevé dans Paris par la terreur qui suivit la rentrée du régent, par ses procédés arbitraires de gouvernement et par la continuation des maux qu'il était censé devoir guérir, leur parut une excellente occasion. Ils crurent le moment venu de reprendre l'offensive, et organisèrent, dans ce but, une conspiration redoutable.

Mais ils furent dénoncés par un traître. Averti à temps, le régent fit arrêter et jeter en prison dix-neuf des principaux conjurés, dont plusieurs étaient investis de fonctions officielles.

La surprise fut grande dans la ville, car un très petit nombre de personnes avaient été mises dans le secret. Cependant l'opinion publique se manifesta hautement en faveur des prisonniers.

Quatre jours après, le 29 octobre, les gens des métiers, soulevés par la parole ardente d'un clerc, nommé Jean Blondel, « alèrent en la Maison de ville et firent grant cla- » mour de leurs amys qui avoient esté prins, en disant que » autel seroit faict *de tous les aultres de Paris.* Et faisoient » sentir par leurs parolles que ce avoit esté faict par ven- » geance de ce qui avoit esté faict au temps passé par » ceulx de Paris, en disant qu'on les prendroit tous ainsy les » uns après les aultres ».

Ils forcèrent même Jean Culdoé, qui précéda Tristan Gatien dans le poste de prévôt des marchands, à venir au

[1] PERRENS, p. 341.

13

Louvre réclamer, avec eux, du duc de Normandie, la mise en liberté des bourgeois arrêtés. La victoire récente du prince était si peu assurée qu'il se crut obligé de céder. D'ailleurs, on avait sévi contre les conspirateurs avec trop de précipitation : aucune preuve de culpabilité ne fut découverte contre eux, les choses n'étant pas, au moment de leur arrestation, suffisamment avancées. Force fut donc de les relâcher.

A en croire l'historien florentin, Matteo Villani, il y aurait eu, au mois de décembre de la même année (1358), une nouvelle conjuration dont le dénouement aurait été plus tragique. Cet auteur, qui est, il est vrai, le seul à parler de cette affaire, nous raconte que le duc de Normandie fit alors décapiter secrètement vingt-sept bourgeois...

Enfin, en décembre 1359, éclatait le plus sérieux de tous ces complots destinés à venger la mort de Marcel et à ramener les principes politiques et sociaux qu'il avait inaugurés.

Martin Pisdoé en fut l'âme et le chef. C'était un riche changeur, très-estimé dans la ville, et qui avait été déjà compromis dans la grande Révolution communale [1]. Nous avons vu plus haut qu'il avait été amnistié, moyennant paiement d'une « compensation » de sept cents florins.

Son dessein était d'enlever le Louvre par un coup de main hardi, et de « justicier » les conseillers du régent les plus coupables et les plus impopulaires. Pendant ce temps, les autres conjurés devaient se répandre dans les autres quartiers de la ville, pour ameuter les gens des métiers et rétablir avec leur aide le gouvernement des Etats, en forçant le Dauphin à se soumettre, sauf en cas de refus, à rappeler le roi de Navarre.

---

[1] La famille des Pisdoé était l'une des plus vieilles et des plus puissantes de la municipalité parisienne, où elle semble avoir occupé une place encore plus considérable que la famille des Marcel. Dès 1276, on trouve un Guillaume Pisdoé, prévôt des marchands.
(V. LEROUX DE LINCY, *Histoire de l'Hôtel-de-Ville de Paris*, p. 203.)

Malheureusement pour Martin Pisdoé et pour son ami
Jean le Chavenatier, parent d'Etienne Marcel, et son principal complice, ils s'adressèrent encore à un traitre. Ce traître
s'appelait Denys le Paulmier. Il écouta sans mot dire les
propositions qu'on lui fit ; puis, il courut à Melun, révéler
au régent tout ce qu'il savait. Le régent lui donna l'ordre de
prêter l'oreille, comme par le passé, aux confidences de
Pisdoé, afin de lui arracher ses derniers et ses plus compro-
mettants secrets. Denys le Paulmier obéit, et reçut en récom
pense cent livres de rente. Quand on sut tout ce qu'on voulait
savoir, Martin Pisdoé et Jean le Chavenatier furent jetés en
prison.

Ce dernier, que Martin Pisdoé réussit, en se perdant, à
disculper complètement, fut presque aussitôt remis en liberté.
Mais Martin Pisdoé fut condamné à mort. Le lundi, 30 décembre, il fut exécuté aux Halles. On lui coupa la tête, les
bras, les cuisses ; tous ses membres furent exposés séparé-
ment. C'est ainsi que le régent punissait une simple tentative,
qui n'avait même pas reçu le moindre commencement d'exécution[1] !

Tel fut le dernier effort des partisans de Marcel pour le
venger et faire triompher ses idées. Désormais, les mouvements populaires, comme ceux des Maillotins et des Cabo-
chiens, se feront pour des causes nouvelles et sous des pré-
textes différents.

*
* *

Nous n'avons point à raconter ce qu'il advint plus tard du
duc de Normandie.

Rappelons seulement que ce fut lui qui, le 8 mai 1360, mit
fin à la sanglante guerre de Cent ans, en signant avec l'Angleterre le honteux traité de Brétigny. La France était
réduite par ce traité à des frontières plus étroites que du
temps de Philippe-Auguste.

[1] PERRENS, p. 347, 348, 349.

Le roi Jean revint alors en France et reprit possession du pouvoir royal. Il trouva, dans l'acquisition de la Bourgogne, qui fut rattachée à la couronne par droit d'héritage, une riche compensation à ses infortunes. Il mourut enfin le 8 avril 1364, laissant le trône au duc de Normandie, qui prit le nom de Charles V.

Quant au roi de Navarre, après s'être vu forcé par le chevalier breton Bertrand Du Guesclin de signer le traité de Pontoise (1359), par lequel il déclarait « ne vouloir plus » mener guerre contre le païs de France, mais estre bon » François à l'avenir et défenseur du païs contre les Anglois », il renonça à toutes ses prétentions ambitieuses. Il vécut encore jusqu'en 1386, continuant d'émailler sa vie des crimes les plus abominables. Sa fin fut, dit-on, des plus tragiques. On raconte que ses médecins, profitant de la découverte récente d'un alchimiste, le faisaient coucher, pour lui rendre ses forces épuisées par des excès de toutes sortes, dans des draps imbibés d'alcool et cousus sur lui. Une nuit, le valet qui cousait les draps, au lieu de couper le fil, voulut le brûler. Le drap s'enflamma et fit au roi des brûlures atroces auxquelles il succomba au bout de quelques jours.

A présent que nous avons dit comment finirent les principaux personnages de notre récit, notre tâche est terminée. Il ne nous reste plus qu'à porter un jugement définitif, celui qui se dégage des faits et des vicissitudes de l'histoire, sur cette grande figure, si dénaturée et si méconnue, du prévôt Etienne Marcel.

CONCLUSION

« Il n'y a pas de meilleure manière de juger les événe-
» ments de l'histoire, dit M. Perrens, que d'en faire le récit
» impartial. »

C'est précisément ce que nous avons fait jusqu'ici. Aussi,
la tâche qui nous incombe désormais, et qui consiste à dégager
la conclusion qui ressort des faits racontés, se trouve-t-elle
singulièrement facilitée. Toutes les observations à faire ont
déjà été faites à leur place. Il n'y a plus qu'à les rapprocher,
à les réunir et à en former une idée unique, pour la plus
grande commodité du lecteur.

A en croire la plupart des nombreux écrivains qui se sont
occupés d'Etienne Marcel, le célèbre prévôt n'aurait été qu'un
« prétendant » de génie, auquel il n'aurait manqué que des circonstances favorables, — que le succès — pour établir en
France, à son profit, dès le XIVᵉ siècle, une sorte de césa-
risme impérial. Il aurait été, en un mot, du bois dont se font
les tyrans.

Cette appréciation nous semble un peu risquée.

Assurément, nous ne pouvons savoir exactement quelles
étaient ses intentions intimes, ni ce qu'il eût pu faire au cas
où il eût réussi et où la défaite de ses adversaires et la chute
de la monarchie lui eussent définitivement mis en main la
direction suprême des destinées de la nation. Il est déjà difficile bien souvent de démêler le vrai du faux et le sincère de
l'affecté quand il s'agit d'apprécier le caractère et de deviner

les desseins de l'un quelconque de nos contemporains : à plus forte raison, serait-il téméraire d'essayer, à travers les siècles et le mirage d'une histoire trop souvent menteuse ou mal renseignée, de lire dans la conscience d'un homme du passé. Il n'est pas, au surplus, nécessaire — qui plus est, il serait contradictoire — de raisonner sur des hypothèses, alors que les faits sont là, et de rechercher ce qu'aurait bien pu faire Etienne Marcel, dans tels ou tels cas qui ne se sont pas présentés, puisque ses actes publics, les seuls éléments sérieux d'une opinion rationnelle, nous sont suffisamment connus. Les jugements politiques, non plus que les autres jugements, ne doivent pas comporter de procès de tendance.

Si donc Marcel, au cours de sa rapide et tragique carrière, n'a point été un tyran, s'il n'a point fait acte de tyrannie, il ne doit nous importer guère qu'il y ait eu en lui l'étoffe — inutilisée — d'un despote, ni qu'il ait aspiré secrètement à la tyrannie, ni davantage qu'il ait été homme à se laisser corrompre par le pouvoir, si le hasard l'en avait une fois investi. Ces possibilités, en admettant qu'elles aient existé, ne se sont pas réalisées : cela doit suffire.

Sans doute, pendant toute la période que dura la Révolution communale, Etienne Marcel exerça une véritable dictature, et nous avons vu même que, dans mainte occasion, il sut faire un terrible usage de cette puissance redoutable. Mais, il faut bien le dire, cette centralisation du pouvoir, qui mettait toutes les forces vives d'une société entre les mains d'un homme, du plus courageux, du plus capable, était absolument dans les mœurs de l'époque. Le peuple, si longtemps monarchisé jusqu'aux moelles, n'était pas encore assez débarrassé du fétichisme, pour que la pensée même d'une protestation pût germer en son sein.

Aussi, la dictature de Marcel, consacrée à la fois par les mœurs et par l'adhésion tacite et unanime de la population insurgée, ne semble pas avoir ce caractère odieux qui s'attache d'ordinaire au régime dictatorial. On pourrait même dire qu'elle ne fut guère qu'une division assez raisonnable du pouvoir et des fonctions. Le dictateur, puisque dictateur il y a, n'avait, en définitive, que l'autorité et les pouvoirs qu'on voulait bien lui laisser, dont on consentait à lui tolérer l'exercice. Toute sa force résidait dans la confiance du peuple, qui croyait, avec raison que ce poste dangereux et important était entre bonnes mains. Etienne Marcel n'avait-il pas fait armer tous les citoyens, ce qui leur permettait d'imposer impérieusement leurs volontés? Il ne « gouvernait » donc pas, dans le sens brutal du mot, puisque la sanction suprême appartenait à Sa Majesté Tout-le-Monde; il administrait plutôt, ne prenant d'autre initiative fructueuse que celle qu'il plaisait de suivre aux citoyens armés, libres, par conséquent, de désobéir, sans que ce singulier tyran eût le moyen de briser les résistances. Ce n'étaient pas, en effet, les quelques centaines d'hommes d'armes, de mercenaires ou d'amis dévoués, directement attachés à sa personne, qui eussent pu « faire marcher » toute une population belliqueuse ! Si donc le prévôt des marchands sut faire régner dans Paris une discipline sévère, ce ne fut pas une discipline imposée, mais une discipline acceptée.

Disons, cependant, que ce furent ces allures pseudo-dictatoriales et ces procédés centralisateurs qui perdirent à la fois Marcel et la Révolution. A force de compter sur un homme, un peuple finit par se relâcher de son énergie. Son initiative s'émousse; il n'a bientôt plus cette confiance en soi qui enfante les grandes œuvres. Celui qui a la direction suprême des affaires, assume aussi toute la responsabilité. Qu'il vienne à commettre une erreur ou une faiblesse, qu'un rouage vienne à se briser dans le mécanisme dont il est la cheville ouvrière, tout est compromis !

C'est précisément ce qui se passa en 1358.

La cause populaire s'était tellement, grâce à l'abdication volontaire des citoyens, identifiée avec la personne du prévôt des marchands, qui en était pour ainsi dire devenu l'incarnation vivante, qu'elle dut subir le contre-coup de toutes ses vicissitudes et finit par périr avec lui. Contrairement au vieux proverbe, « faute d'un moine, l'abbaye chôma ».

Mais il serait injuste d'en accuser Marcel tout seul, puis-qu'il n'avait fait, en agissant ainsi, que se conformer aux tra-ditions en vigueur, aux mœurs contemporaines, à l'éducation que lui-même avait reçue, comme ses amis et concitoyens, qu'obéir, en un mot, à l'influence du milieu.

Cela ne l'empêcha pas, au surplus, quoiqu'il appartînt par son origine et ses relations à la haute bourgeoisie, de s'ap-puyer, dans toutes les occasions décisives, sur la plèbe, sur les artisans et les pauvres. Nous savons, d'ailleurs, qu'après cer-taines tergiversations, jusqu'à un certain point excusables, il embrassa, corps et âme, la cause discréditée des serfs révoltés. Il faut se représenter l'intensité qu'avaient alors les préjugés de classe, le mépris qu'on avait des paysans et la terreur qu'ins-pirait la noblesse féodale pour apprécier, à sa juste valeur, le mérite de la conduite d'Etienne Marcel en cette périlleuse occurrence. L'amour de la justice et l'instinct de l'égalité devaient être bien puissants dans le cœur de ce riche bour-geois, si calomnié depuis, pour que, brisant ainsi violemment toutes les fibres de chair vive qui l'attachaient au présent et au passé, il consentît à mettre sa main blanche dans la main calleuse de Jacques Bonhomme.

C'est un devoir pour nous d'en donner acte à sa mémoire.

Quels sont donc les crimes qui peuvent lui être imputés ?

Nous ne parlerons pas longuement de cet abominable for-fait que ne lui pourront jamais pardonner les chroniqueurs royalistes, et qui consiste à avoir conspiré pour renverser l'autorité royale, puisque c'est là, tout au contraire, à nos yeux, son principal honneur et son principal titre de gloire. Ce qui nous paraît avoir été son plus grand tort, c'est préci-sément de n'avoir pas fait ce qu'on lui reproche et d'avoir eu trop d'égards pour la monarchie, dont il ne sut pas tirer, au nom du peuple qu'il représentait, une éclatante et définitive vengeance, il est vrai qu'il ne faut pas l'isoler du temps où il vivait ni des circonstances qui l'engendrèrent, comme une merveilleuse et trop hâtive efflorescence. Il n'y avait encore pour ainsi dire personne, au XIV° siècle, qui crût qu'une nation peut se passer de roi.

Seul, peut-être, parmi ses contemporains, Marcel avait une vague et confuse conception d'une société démocratique basée sur la fédération des communes libres Mais nous avons vu que tous les efforts qu'il fit en ce sens restèrent à peu près stériles... Ce sont là des excuses dont il faut tenir compte.

« Mais, dira-t-on encore, Marcel s'est rendu coupable de plu-
» sieurs assassinats, il n'a pas hésité à verser le sang...! »

Nous nous sommes assez longuement expliqués sur ce point pour être dispensés d'y revenir. « On ne fait pas d'omelettes
» sans casser d'œufs », dit le proverbe. On ne fait pas davan-
tage de révolutions sans qu'il y ait mort d'hommes, sans que le nouveau pacte social soit scellé de sang. C'est peut-être regrettable, mais c'est ainsi. Comme les privilégiés ne se dessaisissent jamais volontiers de leurs privilèges et que les laisser en vie ce serait ouvrir la porte aux représailles du lendemain, c'est souvent dans un intérêt de légitime défense qu'il faut en débarrasser la terre.

Rappelons encore que les meurtres dont on a voulu faire porter à Marcel la responsabilité tout entière furent presque tous votés d'enthousiasme dans des assemblées populaires, dont le prévôt des marchands n'était que le docile exé-
cuteur.

Il serait plus exact de dire que Marcel fut toujours trop respectueux de la légalité et trop avare du sang de ses adversaires, sacrifiant ainsi sa propre sécurité et le salut de la dé-
mocratie à je ne sais quels scrupules d'un sentimentalisme maladroit. Citons, à ce propos, une autorité qui n'est pas suspecte, celle des auteurs de l'*Histoire des Prolétaires :*

« Etienne Marcel n'était pas assez convaincu de l'irrémé-

» diable déloyauté de la monarchie et de la noblesse. Il
» compta trop sur la bonne foi de ses ennemis ; il crut que
» quand il aurait fait voter par les Etats une solennelle réso-
» lution, et qu'il l'aurait fait accepter par le roi, il aurait lieu
» de compter qu'elle serait exécutée. Il ne savait pas que,
» contre l'instinct du despotisme et l'amour des privilèges, il
» n'est d'autre garantie que la force, la force dont il faut
» user le moins possible, mais qu'il faut toujours avoir à sa
» disposition, non pas pour attaquer, mais pour se défendre.

» Un peuple est toujours en état de légitime défense contre
» l'oppression ; il faut qu'il soit toujours à même d'exercer
» ce droit.

» Etienne Marcel avait derrière lui Paris, Paris armé, qui
» n'attendait qu'un signal. Ce signal, il hésita souvent à le
» donner ; il aurait voulu, autant que possible, rester dans
» la légalité ; la légalité finit par le tuer...

» Dans les pays despotiques, la légalité n'est qu'une forme
» du despotisme ; la respecter, c'est se soumettre déjà au
» despotisme, c'est s'amoindrir, s'affaiblir. La légalité n'est
» respectable que quand elle consacre la liberté ; dans ce cas,
» obéir à la légalité, c'est user de la liberté. Dans tout autre
» cas, l'obéissance à la légalité est une duperie.

» Etienne Marcel, tout tribun qu'il était, fut souvent dupe
» de la légalité. Il n'obtint de résultats appréciables que
» quand il se décida à sortir de la légalité [1]. »

On ne saurait mieux dire. Il est bien vrai, par exemple,
que le meurtre des maréchaux faillit assurer à la Révolution
son triomphe définitif. Il est également vrai, en revanche,
que ce fut l'alliance de la bourgeoisie qui causa la perte de la
Jacquerie, en énervant la furie sauvage des premiers jours et
en arrêtant l'extermination de la noblesse, qui marchait si bon
train.

Est-il possible, enfin, de soutenir que Marcel a trahi ?

[1] *Histoire des Prolétaires*, II, p. 603.

S'il s'agit de dire que Marcel a voulu livrer la France ou Paris aux Anglais, l'accusation n'est que ridicule, puisque ce fut, tout au contraire, une véritable fièvre de patriotisme — fièvre contagieuse, au surplus — qui le jeta dans la voie révolutionnaire.

Prétendra-t-on qu'il a, au moins, commis le crime de donner le signal de la guerre civile précisément en présence de l'ennemi, en pleine invasion? C'est un grief qui, depuis, a été soulevé contre d'autres défenseurs de la cause populaire. Mais il n'est guère sérieux. Est-ce que la Révolution choisit ses heures? Est-ce que les opprimés doivent attendre le bon plaisir de leurs oppresseurs pour essayer de secouer le joug? N'est-ce pas justement, d'ailleurs, la présence de l'ennemi que les seigneurs n'avaient pas su vaincre, dont leur lâcheté ou leur incapacité avaient favorisé le succès et avec lequel ils devaient bientôt faire cause commune, pour écraser la Jacquerie, l'insurrection de la faim et du désespoir, n'est-ce pas justement la présence de l'ennemi qui détermina l'explosion?

N'est-ce pas la défaite de Poitiers qui ruina le prestige de la noblesse et alluma les colères plébéiennes? Il serait vraiment trop commode de pallier une félonie et d'éluder une responsabilité écrasante en se contentant d'accuser de traîtrise ceux qui protestèrent contre la trahison...

On peut encore dire autre chose. On peut dire que le prévôt des marchands essaya de livrer Paris et la France au roi de Navarre. C'est l'opinion de Michelet, qui la résume même par cette parole sévère : « Il y périt, *comme il le méritait.* »

Nous croyons sans doute que Marcel commit là une faute grave, et, malgré l'admiration et le respect que nous inspire sa mémoire, nous n'avons point hésité à formuler crûment, à ce propos, notre façon de penser. Cependant, nous n'allons pas jusqu'à croire qu'il y eut là trahison. Il y eut erreur; erreur jusqu'à un certain point justifiable, étant données les idées ambiantes et les nécessités du moment. Il y a lieu de supposer que Etienne Marcel a eu la main forcée. Nous ren-

voyons le lecteur, au surplus, à tout ce que nous avons écrit
plus haut, à ce sujet, dans le corps du récit, nous contentant
d'ajouter, en manière de conclusion, que, si Marcel n'a pas
été parfait, il n'en faut accuser que la nature humaine, fatalement imparfaite, et que ce n'est pas une raison, parce qu'il
a fait — honnêtement, il est probable, pour ne pas dire certain — une chose malhonnête en apparence, pour ne pas
rendre à tout le bien dont lui revient la gloire et qui com-
penserait largement cette défectuosité, si la fortune lui avait
donné le succès, un hommage mérité !

Voici, au surplus, le jugement que porte le plus compétent
peut-être des historiens du Moyen-Age, Augustın Thierry, sur
cet homme formidable et dont l'histoire a été si scandaleuse-
ment défigurée. Nous ne saurions mieux clore cette étude,
fatalement incomplète et tronquée, que par la citation de
cette page éloquente :

« Cet échevin du quatorzième siècle a, par une anticipa-
» tion étrange, voulu et tenté des choses qui semblent n'ap-
» partenir qu'aux révolutions les plus modernes. L'unité
» sociale et l'uniformité administrative ; les droits politiques
» étendus à l'égal des droits civils ; le principe de l'autorité
» publique transférée de la couronne à la nation ; les États-
» Généraux changés, sous l'influence du troisième ordre, en
» représentation nationale ; la volonté du peuple attestée
» comme souveraine devant le dépositaire du pouvoir royal ;
» l'action de Paris sur les provinces comme tête de l'opinion
» et centre du mouvement général ; la dictature démocratique
» et la terreur exercées au nom du bien commun ; de nou-
» velles couleurs prises et portées comme signe d'alliance
» patriotique et symbole de rénovation ; le transport de la
» royauté d'une branche à l'autre, en vue de la cause des
» réformes et dans l'intérêt plébéien, voilà les événements et
» les scènes qui ont donné à notre siècle et au siècle précé-
» dent leur caractère politique. Eh bien ! il y a de tout cela
» dans les trois années sur lesquelles domine le nom du

» prévôt Marcel. Sa courte et orageuse carrière fut comme
» un essai prématuré..., et comme le miroir des sanglantes
» péripéties à travers lesquelles, sous l'entraînement des
» passions humaines, les grands desseins de l'avenir devaient
» marcher à leur accomplissement. Etienne Marcel vécut et
» mourut pour une idée, celle de précipiter, par la force des
» masses roturières, l'œuvre de nivellement graduel com-
» mencé par les rois; mais ce fut son malheur et son crime
» d'avoir des convictions impitoyables [1]. A une fougue de
» tribun qui ne reculait pas devant le meurtre, il joignait
» l'instinct organisateur; il laissa, dans la grande cité qu'il
» avait gouvernée d'une façon rudement absolue, des insti-
» tutions fortes, de grands ouvrages, et un nom que, deux
» siècles après lui, ses descendants portaient avec orgueil,
» comme un titre de noblesse. »

[1] Nous ne pouvons ici nous ranger à l'opinion d'Augustin Thierry. Il n'y a de convictions sincères que celles qui sont impitoyables ! D'ailleurs, Marcel n'incarnait-il pas les classes déshéritées, abattues depuis des siècles sous le joug d'une tyrannie féroce ? Comment aurait-il pu, sans trahir sa mission, avoir des égards pour les oppresseurs ? Il n'en a eu que trop, hélas !
Nous devons ajouter que certaines des réformes, indiquées ici par Augustin Thierry, comme le dernier mot des révolutions modernes, sont grandement contestées aujourd'hui, depuis que la bourgeoisie a succédé à peu près à tous les privilèges de l'ancienne féodalité et remplacé l'aristocratie de nais-sance par l'aristocratie d'argent. L'idéal est désormais autrement élevé.

TABLE DES MATIÈRES

TABLE DES GRAVURES

VERSAILLES, IMPRIMERIE CERF ET FILS, 59, RUE DUPLESSIS.